汉字中的符号之美

王元鹿 主编
王元鹿 著

文匯出版社

序

王元鹿

有一件美好的东西，日日与您为伴，日日为您服务，您却常常忽视了它的美——内在的美与外在的美，这就是汉字。

汉字是我们伟大祖国的宝贵遗产之一。如果说到汉字的特点与特色，一言以蔽之，就是美。汉字的“美”包含了使汉字得以产生与发展的客观环境的美——有物质的美、精神的美、逻辑的美，还有大自然的美。汉字的“美”也反映在汉字自身的构成与形态上。造字方法的精巧，文字姿态的曼妙，都令人赞叹不已。

汉字的“美”有其历史过程。如以甲骨文的产生为起点，汉字至少已有三千多年的历史。何况甲骨文其实还不能算是汉字的最早形态。然而，即便在甲骨文与早期金文中，我们已经可以领略其古朴与端庄，还可以理解通过其字形背后的古代社会的历史、文化与生活现象，乃至我们祖先的造字的智慧——这一切，都是美不胜收的。

今天我们使用的现代汉字，已经是几经变化的形体，多少已失去了它们的早期风貌，也不易推断出祖先造字的依据。学者们的不懈努力，使我们逐步深入了解了古代汉字的来龙去脉，并进而通过古代文字的研究去搜寻我们祖先的生活状况及他们的精神风貌。可以说，从汉字看历史，又从历史来追溯汉字的渊源，既是一个科学研究的过程，又是一个欣赏文字美的过程。

必须说明的是，这套书是在参考古今许多文字学及相关学科专家研究成果的基础上写出的。限于丛书的体例，行文中引用或述及文字学专家或其他领域专家的观点与成果，一般不专门写出或注出他们的名字及这些著作的名称。在此，向这些专家致以衷心的谢忱。

美是需要去发现的。由于我们见惯并用惯了汉字，才使我们习以为常地不去注意其内部蕴藏着的美。这套丛书，就是鉴于此种情形策划设计的。从文字与文字相关的角度——语言、历史、文化、考古、文学等多个方面，全方位地挖掘并向读者展示汉字的美，是本丛书作者的美好愿望。如果读者随着我们的笔，在弄清一个个古文字的同时，进一步了解它们折射出来的中国古代社会历史与文化的方方面面，以及我们的祖先的思维特点与心路历程，这将是何等快意的事！

2012 年 7 月写于华东师范大学中国文字研究与应用中心

目录

序 王元鹿

叁

五行是什么

肆

诡异十二兽

从『一』数到『亿』

〖无处不在的“一”〗

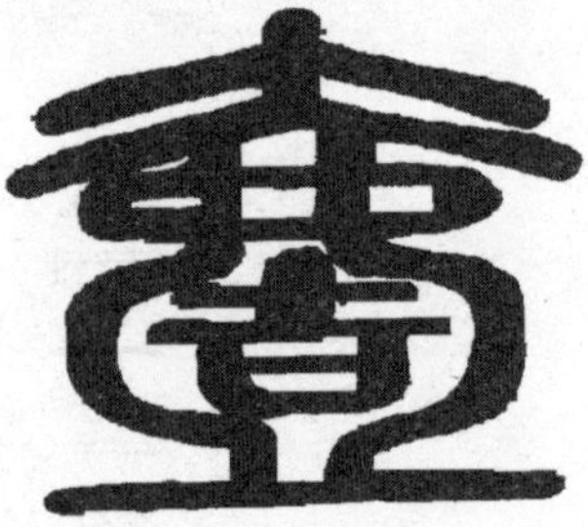

有一个汉字，它在几乎每一篇文章中都会多次出现。它是最小的一个数字，又是最大的一个数字。它是什么字？——我才写了几十个字，它已经出现了四次！

它当然就是“一”——智慧的读者一定会这样说。

“一”是最小的数字，因为在正整数中找不出比它更小的数了；“一”又是最大的数字，因为“一”意味着“一切”。

当我们说“一无所有”或“一是一，二是二”的时候，“一”就是一个表示“一个”或“第一”的数字；而当我们说“一应俱全”、“一座皆惊”或“一空依傍”的时候，那“一”字的意义却是“一切”了。

《说文解字》对于“一”字的说解是：“惟初太始，道立于一。造分天地，化成万物。”《老子》也说：“道生一，一生二，二生三，三生万物。”

尽管两种说法都有点故弄玄虚，但是其大致的意思确乎没错——“一”既是最小的数字，又可以包罗万物。

“一”字，甲骨文刻作一，金文刻作一，小篆作一。可见，在遥远的商周时代，汉字的“一”始终是平稳的一横。

老子像
引自吴为山《天人合一——老子》，《文艺研究》2010 年第 1 期。

当然，《说文解字》里的古文“一”字写作弌，比较繁复，可那是春秋战国时代的事，只是为了把字形装饰美化一下罢了。“一”字还有一个字形“壹”，《说文解字》作壹，也是后起的，它可能是一种酒器的象形，并在酒器的肚子里加了一个“吉”字。当然，这“吉”字并不表示酒器里放了一瓶“王老吉”之类的饮料，而仅仅表示其读音与“吉”字相似。这个“壹”字的产生也是比较晚的。

世界上凡有文字的民族应该都有“一”字。古代埃及、苏美尔与玛雅的古文字，乃至北美印第安原始文字中，都有与甲骨文的“一”造字原理相似但具体形象未必相同的“一”字。

然而，从甲骨文、金文甚至比甲金文更为古远的陶文开始，“一”字的字形可说是始终如一。比较这些书写的时间和地点乃至书写的格式各自不同的“一”，我们可以发现，老祖宗们几乎无一例外地用一横来表示“一”。这又有什么讲究呢？

我们若是去看看我国乃至世界上的一些民族表示“一”的字的形体，就可以发现，这一个个“一”字，往往大致相同，但又有小异。

我国的“活着的象形文字”东巴文的“一”写作**7**。

苏美尔人的“一”有写作|的，又有写作一的，到后来，写作了⊳—；古埃及圣书文字则把“一”写成|。

马亚文的“一”则是ᘏ○ᘏ，中间的一个小圆点表示一，而边上的两个符号仅起装饰作用。马亚文的“二”写作ᘏ○○ᘏ，边上的两个符号也是装饰符号。这恰与汉字的“一”加上装饰符号弋(弋)作弌和“二”加上同样的装饰符号作弍，异曲而同工。只不过汉字加上去的好像是兵器或木桩，玛雅文加上去的是两个小馄饨。

从古远的汉字来看，无论甲骨文还是早期金文，“一”字都作横写的一划，可算是最简单、最划一也最为平稳的。我们相信，“一”字始终如一的历史及其简单而端庄的形体，恰恰象征着中华民族的统一、稳定与庄严。

必须注意的是：这个“一”字虽然以它为部件，可以造成许许多多的字，却往往只是用它的一横，在这些字中，并不显示其作为数词的“一”的意义，只有个别的字，如“二”、“三”之类的数字是以“一”叠加成的。

尽管在文字学上，“一”用其本来意义作为一个构字部件，用途看似不大，但是单独使用“一”这个字的场合真是太多了。

我们统计过，《辞源》中，以“一”字开头的词语就有350条，其中一半以上是成语。据说，周恩来总理在看京剧《霸王别姬》时，用了6个词语。如当戏演到项羽不顾形势不利，不听劝阻，决意出战时，周恩来评道：“一言堂。”随着戏的情节发展，他还用了“一家之长”、“一意孤行”、“一筹莫展”、“一曲挽歌”和“一败涂地”来形容项羽的处境。在周

《霸王别姬图》
引自赵成民《霸王别姬图》，《荣宝斋》2010 年第 5 期。

恩来同志的口中，也可以知道，“一”字可以用于表达许许多多的意思，在我们的语言中无处不在。

欧阳修晚年自号“六一居士”，这六个“一”意味着什么？他说：“吾家藏书一万卷，集录三代以来金石遗文一千卷，有琴一张，有棋一局，而常置酒一壶。”客曰：“是为‘五一’尔，奈何？”居士曰：“以吾一翁，老于此五物之间，是岂不为‘六一’乎？”客笑曰：“子欲逃名者乎？而屡易其号。”原来，“一”是可以代表许许多多东西的。

欧阳修自用的“六一居士”章
引自萧高洪《篆刻史话》，百花文艺出版社，2004 年。

最早的“一”字，应当是一个基数词。有人认为它是一个正在为计数而扳着的手指的描摹，有人认为它是一个算筹的写真，都有可能。也有人认为它是一块小石子的象征，好像有点勉强吧？但是，我们如果从原始人类思维的角度考虑“一”这个数字的来历，那么，我们会注意到，无论一横还是一竖，也许都还不是“一”字的原始形态。

因此，时至今日，我们已经难以明白古人造这个“一”字时，它表示的是什么意义。也许是一个手指，也许是一根算筹，但不会是一支烟——那时中国还没有香烟。

“一”的原始形态是什么呢？纳西族的东巴文字告诉了我们答案。东巴文较早期的经书中把“九对蛋”写成（其实几乎是画成）九个蛋的形状，而经文中并没有出现东巴文的“九”字。到后来，经书中才用“九蛋”来记录“九对蛋”作。我们据此可以推测，很可能汉族的祖先，也经历了在比甲骨文为早的文字中以画一个蛋表示“一个蛋”、画一只鸡表示“一只鸡”的时代。从这个角度看，甲骨文已经是一种相对先进得多的文字了。

从文字学的角度来看，这“一”字是一个指事字。而所谓指事字，往往是以抽象的符号来表示一定的意思。我们由此也可以推知，许多数字应当是指事字。而这些指事字，有时又可能是从表示实物的象形字的叠加发展而来的。

然后，“一”字的意义引申为序数词。我们说“第一”的时候，“一”就是用来表示序次的。今天我们有“一哥”、“一姐”的叫法，这时“一”就是个序数词了。自然，“一”字的用法还不止于此。

“一”字还可以用作动词。《荀子》说：“一天下，财万物。”在这里，“一”就是统一的意思。

令人匪夷所思的是，“一”与“第一”还可以用来作姓氏。江苏与安徽，就有姓“一”的人。此外，姓“第一”到“第八”，都不乏其人。据说，有一个学校长跑比赛。运动员报到时，一个学生说：“我是第一……”没等她说完，那当裁判的老师就说：“第一、第二是你们比赛后才能决定的！”殊不知那孩子生出来时就是“第一”了！

“二”，和谐还是对立？

“二”是自然数中最小的偶数。《说文解字》：“地之数也。从偶。”这一对“二”的说解说明了：至少自东汉开始，古人已经注意到了“二”在数学上的意义，乃至“二”的另一些更深层次的含义。

应该说，“二”字在形体上是两个“一”的积累。在甲骨文中作二，在金文中作二。后来，出现了加上装饰部件的“弍”（作弍）。再后来，大概因为“二”用来计数，又在弍的下面加上了一个“贝”字成为“贰”。现在的人民币、发票与收据上，大写的“二”字还是沿用这个“贰”字。

“二”这个字既然是最小的偶数，那么它在数学上的意义，显然是相当特殊而其他整数数字无法替代的。当我们考虑到计数与数学其实是现实生活的抽象时，我们更加会意识到：数字“二”在哲学、科学及我们的生活中，必定也都会有着极其突出的意义。

“二”从“一”中分化出来，在人类的计数史上是一个极为重大的事件。也就是说，要是人类“只知其一不知其二”，那么他们对这世界的认识显然是不真实、不完整的。为什么英语中“两个事物”是用复数来表达(往往在这个记录事物的单词之后加一个-s或-es)？恰恰是因为2与1有本质的区别罢了。我们也许不很注意一毛钱与两毛钱的差别，但是“一个”与“两个”却往往大有不同。在鲁滨孙漂流到一个孤岛上时，要不是有那个“星期五”与他为伴，后果会大不一样，这就是“二”优于“一”的最好证明。

我们至少可以把“二”的这种特殊性归结为以下几点：首先，“二”是个比“一”大的数字，仅从这一意义出发，如果我们对“二”的内在涵义深加发掘，可以发现：“二”除了具有“正整数二”这个字面意义之外，至少还包含着以下三种意义：其一，“二”常含“成双成对”与“匹配”的意义；其次，“二”向我们展示了世界的复杂性与多样性；其三，“二”字还隐含着事物间的对立与变化。

因为“二”常含“成双”与“匹配”的意义，所以我们的祖先常常把它作为一个吉祥的数字。

“二”是一个成双的数，自然会给人们一种平衡而和谐的感觉。其实，“二”的许多同义词已经告诉了我们这个秘密。有时，我们常常以“二”的同义词来表示“二”数。结婚的时候，我们会称新婚夫妇为“一对新人”而不称“两个新人”。买鞋的时候，我们会对营业员说“买一双鞋”，而不会说“买两只鞋”。今天我们送礼，往往还是尽可能送上成双的物品乃至成双的钱币——除了丧事。

而令人感到惊奇的是，大自然也给“二”这个数的和谐性以有力的证明：在音乐上，如果有两根绷得一样紧的弦，一根的长度是另一根的两

石刻《双子峰》

引自覃甘来《双子峰》，《宝藏》2011 年第 6 期。

倍，那么，它们所发出的音会达到和谐，而那根短弦的音恰好是另一根的两倍。在视觉上，如果我们拍照时画面采取长宽之比是 2 的平方根比 1 的所谓“黄金分割”，由此拍摄的画面会是最使人感到舒适的。现在计算机的计数系统之所以设定二进制，也是由于这一系统是最便于其状态设定的。

说穿了，这“两”本来也是“二”的一个同义词，我们在表示基数的时候，尤其是现代汉语中，用“两”表示“二”的场合比较多，而用“对”和“双”替代“二”和“两”，更显示出“二”的“匹配”义罢了。这个常常代替“二”的“两”，金文作，究其字的本来意义，竟是“车辆”的象形。车辆原就是左右二轮匹配的。后来由于“两”字太适于表示成对的事物和概念了，才出现了左边加上一个“车”旁的“辆”，而这个“两”字就专职表示基数词“二”了。

这个“双”字，原来写作“双”（繁写作“雙”），小篆写作，是人手持二鸟（其实是“二隹”，小篆作，来自甲骨文）的写实。“双鸟在手”自然比“一鸟在手”更使人快乐。这句话与外国俗话“三鸟在林不如一鸟在手”其实是同样的意思。总之，“双”字总是给我们以更大的愉悦，所以我们常说“好事成双”。

所以，当“二”这个数字一经产生，就自然地拥有了“和谐”的意义，这恰恰是“二”成为吉祥数的基本原因。

其次，我们又注意到，“二”展现出了事物的可变性与多样性。比如“梅开二度”，原来是用来表示女人第二次出嫁，后来才经常出现在体育报道中，往往用来比方第二次进球。今天我们在从事买卖时还会标出“不二价”，其实这个“二”已经是个动词，表示“改变”。此外，“二”字的大写字“贰”，除了计数，可能最早是表示“忠于两个主人”的意思，后来又用于表示“效忠于第二个主人”即“变节”的意义。如“贰心”就是这个意思。

在许多场合下，由于“二”本来有着“可变”与“多样”的内涵，所以，“二”的内涵与其说是准确的“二”，不如说是“大于一的数”。“两面二舌”、“闻一知二”、“一差二误”等成语中的“二”，严格地说，都是一个表示大于“一”的虚数。

所以，我们在一定时候，许多场合下，发现这个“二”真有点“不二不三”。

在较为深度的思考中，“二”这个数字所反映的成对的事物，往往又体现出它们既统一又对立的两个方面。许慎说的“二是地数”，是相对于天数“一”而言的。天与地本来是一对矛盾。又如阴阳，又如乾坤。它们之统一，首先在于它们各自以对方为存在的依据，而它们的对立，恰恰在于它们又是相反的。

至迟在二千五百多年之前，我国的哲学家李耳（又名老聃）就写过一部奇书《老子》。在这部书中，他论证了一对对相对立又相统一的概念。如第二章中，他说：“天下皆知美之为美，斯恶已。皆知善之为善，斯不善矣。故有无相生，难易相成，长短相较，高下相倾，音声相和，前后相随。”在老子的眼里，世界上的许许多多概念都是成对出现、成对存在的。如善与恶，不理解善，就不能理解恶。又如有与无、难与易、长与短、高与低等等，也都是成对出现、成对存在的。它们之所以相对立，是因为它们在本质上是对立的概念；它们之所以相统一，是因为它们是互以对方为存在前提的。比如，没有长，也就不可能有短。同时，它们还往往可以互相转化。第四十章：“天下万物生于有，有生于无。”第十一章：“凿户牖（yǒu）以为室，当其无，有室之用。”在这里，老子既说出了“有生于无”，又说出了“无也有用”即“有”和“无”可以互相转化的道理。

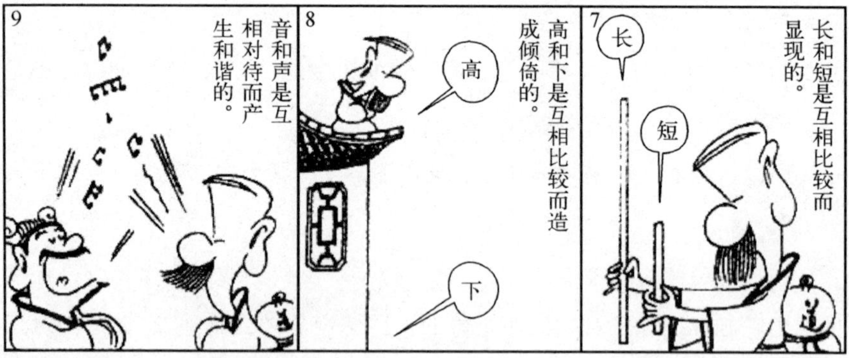

关于《老子》名言的漫画

引自蔡志忠《老子说·智者的低语》，生活·读书·新知 三联书店，2000 年。

离今天二千多年写成的《老子》还有这样的说法："道生一，一生二，二生三，三生万物。"在数学上如此，在文字学上如此，在语言学上也是如此，而这一切，都是"二"在人们的思维中深层含义的反映。

至于目前的流行语"二"，据说这个新词是从方言演化而来的，如："二怂"、"二手货"、"二百五"等等，往往形容人的行为或做事风格比较愚蠢。"很二"也仅指某人常常做傻事罢了。在较多场合下，这个说法往往有亲昵的情感成分，而真正纯粹含贬义的已经是极少。

〖“三” 到底是多少？〗

“三”这个数字的不平常之处，不仅在于它在数学上的意义，如“三点决定一个平面”。“三”的不平常之处还在于：比起“二”和“一”来，“三”是一个大数。《史记》说：“数，始于一，终于十，成于三。”为什么数“成于三”呢？其实，比《史记》更早的《老子》早已对此作出了绝妙的诠释：“道生一，一生二，二生三，三生万物。”言外之意就是说：数字发展到三，才进入了多数的阶段，形成了真正的计数系统。

中国人好像对“三”字和“三数”情有独钟。“三”在古老的中华大地，似乎已经成了一个常用的计数单元。自然界有日、月、星“三光”，上古史有夏、商、周“三代”，古圣人有尧、舜、禹“三圣”，甲骨时代就有“王作三师右中左”（《殷契粹编》五九七）的说法，而春秋时代列国往往设上中下或左中右“三军”。连孔子及其弟子们也喜欢“三”这个数。《论语》提出了一系列以“三”计数的名目来规范人的行为：“吾日三省吾身”，“益者三友，损者三友”，“君子有三戒”等等。

关于岁寒三友的国画作品
引自王欢、王立群《岁寒三友留墨香》，《收藏界》2012 年第 5 期。

发展到后来，古人甚至喜欢上了“三”的倍数。“三”的两倍“六”和两个三相乘所得的“九”就不用说了。就拿较大的数来说：黄毛丫头有十八变，古人用计有三十六条，孙悟空变化有七十二种，梁山好汉是一百零八条……它们都是“三”的整数倍。寺院里新年敲钟也往往是打一百零八下的。

“三”与“一”、“二”一样，在我们现代人的意识中，是一个很小的自然数。甲骨文与金文中，“三”也是一个常见的数字。甲骨文的“三”作三，甲骨文中用以祭祀的“三牛”，就是常见的例子。金文的“三”作三。《说文解字》中，我们也可以找到一个“三”的出现较晚的异体字“式”（弎），与前文介绍的“一”的异体字“式”与“二”的异体字“式”是同理造成的。除此之外，“三”大写作“叁”，至今我们在人民币上还可以见到，也用于开发票、写收据。这两个字，字形中也都包含着一个“三”。

由“三”字的结构来看，自然如“一”与“二”一样，也是一个或象手指、或象算筹、或象其他事物之数的累积的形象。《说文解字》是这样解释“三”字的：“天地人之道也。从三数。”前一句是附会，后一句却没错。由于“三”字由三个抽象符号“一”堆积而成，它同“一”和“二”一样，还是一个指事字。

在甲骨时代，已经有“万”以上的数字被记录，因此，“三”在殷商时代已经算不上一个大的数字了。不过，许多通过语言文字材料反映出来的现象使我们萌生了一个疑惑：在更古远的时代里，“三”是否有着一个用来表示比“三”这个实际数字更大的数字的阶段呢？

依据一些古代形成的词、成语或其他语言文学资料，“三”这个字往往不仅仅明确地表示“三”这个数，而是表示一个模糊的多数。《论语》的“吾日三省吾身”，就是一个典型的例子。人的自我反省，显然不像医生开处方时规定服药限于一日三次或三种。同样，“孟母三迁”的故事，也仅仅意味着那孟母为儿子读书而多次搬家罢了。还有，《诗经·王风·采葛》的“一日不见，如三日兮”与后面的“如三秋兮”、“如三年兮”，也明显地是一种艺术的夸张。成语“三缄其口”、“垂涎三尺”、“三生有幸”、“丢三落四”之类，都应该把其中的“三”视为一个虚数。又如“冰冻三尺，非一日之寒”，这里的“三尺”，显然也是一个虚数。再如李白《望庐山瀑布》中的“飞流直下三千尺，疑是银河落九天”的诗句中，我们可以肯定李白没有对瀑布的高度进行过精确的测量，那“三千”只是一个夸张的表达。“三”的这一类用法不胜枚举。我们在很早就把现在位于湖南省一些地方的少数民族称为“三苗”，这个“三”也应该是一个虚数。我们总觉得，这些古汉语里的“三”，如果意译为现代汉语，不如译为“多”来得确切。

孟母三迁图
引自杜广云、林楚《孟母三迁》图，《读与写》2012 年第 1 期。

如果说，许多成语已经明确地透露“三”是个表示略多于三的多数的信息，那么，更令人深省的是：在许多汉字的结构中，以三个同样部件构成的字，往往表达的就是明确的多数，而且有时要比三多得多。

我们最易想到的一个具有这一特点的字，就是“森”。用三个“木”来表示森林，可以想见，那三个“木”代表的树远远不止三株。其实，由三个同

三多图

引自柴京海、柴京津《中国剪纸艺术》，人民美术出版社，1996 年。

样的字堆积而成的所谓“叠体字”，远不止“森”一个。如每一个表“五行”的字，都有其三个字的“重文”。三个“金”为“鑫”，表“多金”；三个“水”作“淼”（音 miǎo），表“多水”；三个“火”作“焱”（音 yàn），表“火大”；三个“土”作“垚”，表“多土”。据这几个字的构成，我们同样可以悟到：在古远的中国，我们的先民意识中的“三”，可以说往往确有“多”的意思。当然，三个“女”字造成一个“姦”字，与女人多也有关系，不过那只是古代轻视女性的记录罢了。

可见，在更古远的时代里，“三”确是有其作为神秘数字的历史。不仅中国如此，在外国的一些近代、现代的原始民族中，也不乏同样的情况。列维·布留尔所写的《原始思维》中曾经介绍过：许多原始民族数名只到“二”或“三”为止，超过“二”或“三”他们就说“许多，很多，太多”。乔治·彼得·穆达克在《我们当代的原始民族》一书中也指出过：许多原始部落中，人们只能数到“三”，阿兰达人中最渊博者也只能数到“五”。

因此，我们更加相信，原始社会中我们的老祖宗们，确乎有过把“三”用来表示多数的一段历史。不过，这是很早很早的事情，我们决不能认为到《论语》写成的时代，曾子会分不清“三”和“多”的意思。只是在远古时代先民们经历过的分不清三以上的数的时代中，“三”的意义还保留在古人的思维模式或语言习惯乃至文字中罢了。

文章写到这里，我们还是必须作一次友情提醒：“三”是一个表示大数的意识，只是曾经存在于很古远的社会之中，这一意识的根源，是原始人的计数概念的落后。但是在这一时期，“以三为多”的意识已经深深地植入人们的语言之中，有一些词语或用法便一直保留下来，甚至沿用至今。这一意识也保留在一部分形成较早的汉字中。

【“四”，你吉祥吗?】

在“一”、“二”、“三”三个重要的数字之后紧接着的“四”，不得不说这又是一个极为重要的数字。四既是二的二倍，又是二的平方。光凭其在数学上的这一特殊性，即可知其不平常的意义。

我们也可以从实践上来证实“四”在古中国的特殊地位。古人对“四”的兴趣，可以追溯到极远的时代。方向是东、南、西、北（称为“四方”），甲骨文里就有著名的“四方风篇”，不仅对四方进行了命名，还对四方的风进行了命名，尽管至今文字学家们对这八个名称到底是什么字还未全部取得共识。除“四方”之外，甲骨卜辞中还有东、南、西、北“四土”，而古代的季节也是春、夏、秋、冬（称为“四时”、“四季”）。

如果说这些以“四”计数的习惯是根源于客观世界对“四”的喜好，那么还有一些以“四”计数的事物，则往往是从客观自然世界中派生出来的。如都城外的郊区称为"四郊"，显然派生自"四方"。还有所谓"四裔"，是古人对当时偏远地方的称呼，也多少同"四方"相关。而到后来，有一些事物以四计数，主要只好归为古人多少有后天成分的对"四"这个数字的偏爱了。如书的类型分经、史、子、集"四部"，中医诊病的方法分望、闻、问、切"四诊"，天子身旁的贤臣称为"四辅"（《史记·夏本纪》："敬四辅臣。"）最要紧的"必读书"是"四书"，乃至后来人们把良辰、美景、赏心、乐事称为"四美"（王勃的《滕王阁序》："四美具，二难并。"）这几种以"四"为种类数的做法，在很大程度上是出于人们对"四"的喜欢乃至有点敬畏的情感。我们相信，在"二"之后，这"四"是又一个吉祥数。

甲骨《四方风篇》
引自孟世凯《甲骨学辞典》，上海人民出版社，2009年。

中国人对"四"的热爱，直到近年来才有所减低，这是与"四"同"死"谐音有关的。比如，原来婚礼可以送四百大洋，现在却不会有人这样做，而反倒是二百、三百、五百、六百、八百都可通行。尽管如此，"四"的文化内涵是如此丰富，它不可能因此而丧失作为一个吉祥数字的地位。看一看这些名目吧！科学史有"四大发明"，书法艺术有"文房四宝"，京剧有"四大名旦"、"四大须生"，连烧菜都要"四喜肉"。

其实，由于四在正整数中的特殊位置，人们对它的优先选择永远不会在实际生活中消失。比如，尽管我们开始厌恶"四"的读音，我们现在造房子，还是多造四边形的，无论是房子外观还是房间的内部。说穿了，这恰是由于四是二的平方的缘故。甚至，我们去参加体育比赛，拿了第四名，也不见得有什么不快，没听谁说过宁可得第五的。

“四”作为一个比二大一点的偶数，是具有其在数字使用上的极大先天优势的。比如作诗，一首诗两句太短，三句似乎少了点平衡感和节奏感，于是，四句一首诗的做法，是诗格律的最常见者，于是就有了绝句。而所谓律诗，是一首诗八句——四句的两倍。而在较早时代的古诗中，每句诗的字数，也往往多四字成句者。我国最早的诗集《诗经》，也多用四字句。

在甲骨文中，这个“四”字，写作亖，还是数筹或手指的叠加。金文中，也沿用亖，直到春秋时代才有了与今天的“四”字相近的、形。只是此字形体比较复杂，如何构成，倒是须作一番探究。

较多的专家认为此形是与鼻子有关。有人认为这是鼻涕之形，我们觉得还是较为可信的。因为从的形体来看，一个圆圈是鼻子下方的形状，而中间的两根弧线，恰如从鼻孔里顺流而下的两条鼻涕。可以支持这一说法的是：有一个稍微晚些产生的“泗”字，恰恰是表示“鼻涕”意义的字。《说文解字》时代已有此字，小篆作，说解为：“受泲水，东入淮。从水，四声。”而其出现，还要比后汉早得多。当然，追溯得更远的话，那“泗”作为词的理据，也应是吸鼻涕的象声。

“泗”字见于《尚书》与《国语》，均用于表示地名。亦见于《诗经》的《毛传》。《诗经·陈风·泽陂》：“涕泗滂沱。”《毛传》：“自目曰涕，自鼻曰泗。”于是我们知道了：《泽陂》中说，那个主人公的眼泪与鼻涕，就像大雨一样流下来。可见到了汉代，人们已经把“泗”字的一个义项“鼻涕”记录了下来。而且依据其字形，我们相信，这一义项正是它的本义。

这里值得我们注意的是：为什么在早期金文里，见不到“四”字表示它本来意义的做法？而且，那记录地名的“泗”，在上古的文献里先出现。泗水是位于今天山东省的一条河流，又名淇水，古代曾经是淮河的一大支流。

其实也不足怪。这是由于金文往往是正规的文件，不会把不登大雅之堂的“鼻涕”刻上鼎彝。在《陈风》这样的民歌中，才可能说到流泪流鼻涕的事情。

其次，值得我们注意的是：一直伴随着“泗”字出现在文献里的表示眼泪的“涕”字。“涕”在小篆中作，就是眼泪的意思。金文里有一个字，分明是小篆“泗”的上方加上一个“雨”，也是“涕”字无疑。在较晚的时代，“涕”字才偶然用以表示鼻涕的意思。王褒《僮约》：“目泪下落，鼻涕长一尺。”那是西汉的事了，比“涕”用来表示眼泪要来得晚。况且这“泪”与“涕”其实有点模糊，于是才会在它们前面加上了“目”和“鼻”。因此，我们觉得有趣的是：从古到今，有些词和字是随着时代改换了它们的意义的。从大势讲，“涕”的意义本来是眼泪，后来却用来表示鼻涕。而“泗”的意义原来是鼻涕，后来这一功能却渐被那不表示“眼泪”的“涕”所剥夺。直到后世，我们才逐渐回忆起其早期的意义来。

杜甫像

引自唐善普《诗圣诗史汗青垂——杜甫故里行》，《中州今古》2004 年第 4 期。

因此，当我们在吟诵杜甫的诗句“戎马关山北，凭轩涕泗流”时，我们千万不能认为，诗圣在岳阳楼上忧国忧民而又哀叹报国无门时，仅仅是流了点鼻涕。因为在唐代的汉语里，这个“涕”字，主要还是用来表示眼泪的。当然，我们更不大容易认为：白居易的词《长相思》的开头“汴水流，泗水流”说的流着的“泗水”是指鼻涕水！那是一条河，同鼻涕水无关。

另外，还有一件事需要注意：“四”的大写字，是“肆”。“肆”本来是一个意义为“陈列”的动词，已经很难说清它用来表示数字“四”是假借还是引申。

最后还要说一说：文字往往是从表意开始，渐渐走向表音的。而这一过程又往往进行得很快。因此，在甲骨时代，“四”还是用四横来表示，金文中就出现了与之同音而借用的，这恐怕是一种纯粹的同音假借了。如此看来，“四”应算是唯一的借用人体分泌物的形体来计数的汉字了。

〖追寻“五”字的来历〗

上海人办事的精确着实令人佩服。

就说我们附近一家点心店吧！菜单上的“锅贴”下用括号标出“5只”，大馄饨下用括号标出“10只”。仔细看看，一份点心的只数，逢五逢十的特别多（面条除外）。您问这究竟是为什么？先请看看您的手吧，您的手会告诉您答案！

您的一只手有几个手指？五个。没猜错吧？您要是长六个指头是小概率事件呢——这正是“五”字作为一个重要数字的基本原因。

您的两只手有几个手指？十个。更不会错——这正是人类计数采用十进制的基本原因。

“五”的重要性首先体现在它的“中间性”：由基数词而言，在十进制计数法中，这是一个表“十”的一半的数词。而在序数词中，“五”恰恰处于一至九这九个个位数的中间。

“五”的所谓“中间性”，又往往体现于它含有“一半”或“相交”、“相会”、“交换”之类的意义。

《说文解字》对“五”字的说解是：“五行也。从二，阴阳在天地閒交午也。凡五之属皆从五。X，古文五省。”这段文字把“五”的本义说为“五行”，当然是不对的，因为汉语中“五”的概念乃至汉字中最早的“五”字显然先出于汉代才出现的“五行”。另外，“交午”即“相交”的意义，也应该比“五行”为早。

甲骨文由“一”到“四”，都是横画的叠加。到“五”，基本上都成为⧗形，也有刻作X的，而只有极少数作五横画形。在金文中，“五”字基本上都作⧗形。

在我国纳西族的东巴文字中，从“一”到“九”，都是用竖的叠加表示的。国外的埃及圣书文字与苏美尔文字，也是用笔画的积累来记录从“一”到“九”的数的。玛雅文倒是与甲骨文相似，写“一”至“四”用小圆点而写“五”时才用一个横画。

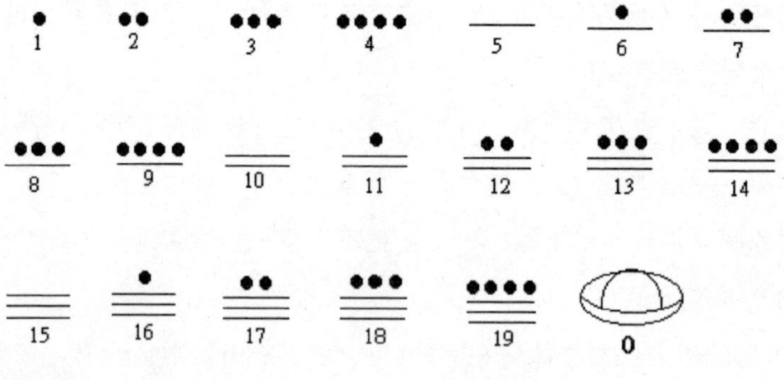

玛雅计数法图示

可见，这一状况正好说明了商代文字计数的发展。至于《说文解字》所说的“阴阳交午”的话，也不是“五”的最初造字依据。我们更愿意相信，五横是甲骨时代出现最早的“五”字，然后代之以X，到后来为了使文字在体态上更加平衡，才在它上下方各加了一横。而许慎编写《说文解字》的时代，甲骨文已经在人们的记忆中失落，那所谓“X，古文五省”，只是春秋战国时代出现的“五”，是西周通行的“五”的简写罢了。清代的《六书通》的“五”有一形为X，保留的也是对春秋战国时代或更早时代中的“五”字形体的回忆。

所以，首先，“五”作为一个为五这个数字进行实际的计数的数词，便参与了许多词语的创制和构成。兵器有五种，称为“五兵”（刀、剑、矛、戟、矢）；兵车有五种，称为“五车”；礼制有五种，称为“五礼”；物质有五种，即是金、木、水、火、土“五行”；颜色有青、赤、黄、白、黑五种“正色”，其他皆为“间色”，于是又有了“五色”；音乐分宫、商、角、徵、羽五声；金属分金、银、铜、铁、锡“五金”；味道分甜、酸、苦、辣、咸“五味”；德分仁、义、礼、智、信“五材”；毒的分类很多，偏巧每种分类都是分为五类，称为“五毒”。由以上种种，可以相信，“五”在中国古代作为一个数字，首先是它具备了十这个整数数字的“一半”的特性。也恰恰因为如此，我们的祖先才在造字上迅速摆脱了从“一”至“四”多数积累横画的习惯，而开始更多地使用一个叉形字来记录“五”。这分明向我们暗示着：“五”已经在计数系统中成为一个“上升半级”的数字了。

所以，我们完全有理由剥去“五”无处不在的神秘外衣，显示出来的是一个简单的事实：人们喜用“五”数计数的内在原因仅仅在于人一只手的手指是五个，这恰恰是本文开头就言明的事。

至于我们细细思考最早的非横画叠加的“五”字，其形体是一个叉。我们先前已经说到：“五”是一个中间数。因此，用一个叉来写这个数字是合于情理的。

不仅在甲骨文时代的汉字中，在汉族比甲骨文时代更早的半坡出土的属于仰韶文化的陶器符号中，也有叉形的符号，还有包含叉形的构造较为复杂的符号。至今，对半坡陶符的性质学界还未得出统一的认识。但是，半坡陶符至少是一种与文字相当接近的东西，它的叉形很可能也是与“五”的意义有关的。

仰韶陶符，有叉形或含叉形的符号

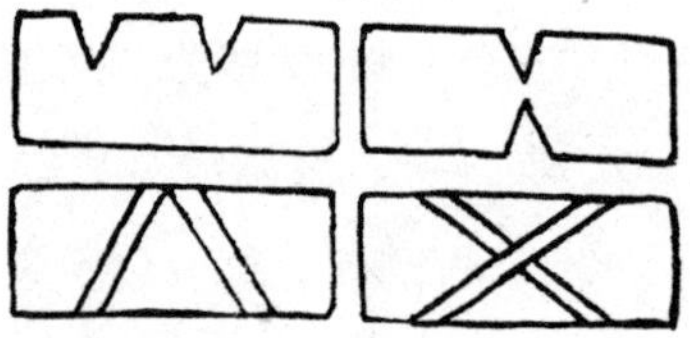

仰韶时代的骨契，有含叉的符号

此外，我们还会发现“五”字表示“相交”义、“相会”义或“交换”义的证据。我们甚至不一定在汉字中寻找依据。

我国傈僳族有一个有名的传信木刻，中有一叉形，全文译为汉语可以理解为：“来了三个人，在月亮圆的时候我们会面了，现送上大中小三包礼物，给三位领导。”这里，“我们会面了”这句话就用一叉形来记录。其实，这“会面”之意也是自“相交”之义引出。

打一个叉有时还可以表示“交换”的意思。不仅汉字和中国民族文字如此，外国原始文字中也有相应的例子。

这一段阿拉斯加的原始文字，是记录这样一段话：“用 30 只猎获的海狸交换一只野牛、一只海獭和一只绵羊。”在这里，这个叉用来表示“交换”的意思。

表示“用 30 只猎获的海狸交换一只野牛、一只海獭和一只绵羊”的原始文字

引自王元鹿《普通文字学概论》，贵州人民出版社，1996 年 5 月。

可见，用一个相交的字形表示“一半”的意义，或“相交”、“相会”、“交换”等等的意思确是合情合理的。

此外，“五”与“互”、“午”、“晤”、“悟”、“伍”等字，都有一定的意义上的关系。

“互”，《说文解字》小篆作䇘，又作互。显然互字出现更早。从其字形来看，即有交互义。从古音看，与“五”字也是相近的。

“午”表中午义。因为时至中午，一天过去了一半。

“晤”即相见，“悟”即“领会”，都与“相会”的意义有关。

至于“五”的大写“伍”字，有等同、同辈、同列之义，也是从以上几个意义引出来的。

我们讨论到此，至少对“五”的来历有了进一步的理解。甲骨文乃至更早的汉族文字中，表示数字“五”，最早应是积五个横画的，接着又为一个㐅所代替。那个㐅在原始的汉字中产生也是很早，很可能最早记录的是“相交”之类的意思，后来也同时承载了表示数字“五”的意义。而时至甲骨文时代，文字已经相当成熟，汉语中“五”这个词已经用经过装饰的字去记录了。

还有一个证据：“端午”又称“端五”。凭此也足见“五”同“交午”之“午”的密切关系了。

【“六”因何而完满】

自然数的研究是简单的，因为它们往往意义简单、笔画简单。然而，自然数的研究又是复杂的，它们的又一特征是创始的时间早，数字往往是古人所创造的第一批文字，它们一般创制于原始社会之中。时至处于计算机时代的今天，我们凭着静静躺着的一堆文献，去上溯一个个自然数数字的起源与历史，实在是勉为其难。研究过了“五”，那似乎更加神秘的“六”，犹如一座斯芬克斯像，诡秘地望着我们，冷冷地笑着，看我们能不能猜出它的怪谜呢！

我们已经解析了“一”到“五”的秘密，余下来的从“六”开始的数字，会将更加神秘，这是由于——闲话少说，让我们来解析“六”吧！

在咱们中国人的传统民俗中，“六”，可以说也是一个极其重要的数字。

由世界文化的共性而言，“六”的重要性一定与“六”的自然属性有关。这在很大程度上是由于：从数学角度而言，六是一个完满数（又译为完美数或完备数）。完满数是一些特殊的自然数，它所有的因数（即除了自身以外的约数）的和，恰好等于它本身。例如：第一个完满数是6，它有约数1、2、3、6，除去它本身之外，其余3个数相加，$1+2+3=6$。第二个完满数是28，因为$1+2+4+7+14=28$。

其实，这在数学上倒也不是唯一的原因。“六”的其他好处在于：它分别是二和三两个重要数字的整数倍。也许，这是咱们的老祖宗喜欢“六”的最主要原因。

六边形的雪花
引自车光裕《雪花外传及其它》，气象出版社，1983年。

大自然给“六”的馈赠还不止于此。正方体有六个面，而蜜蜂筑巢也是若干个六边形的组合，雪花的形状，也都是六边形的，至于乌龟的六角形，我就说不上是什么意思了。

回到文字学，看看“六”字的产生，我们会产生一系列的疑问，尤其是对于许慎他老先生的意见。《说文解字》：“六，《易》之数，阴变于六，正于八。从入，从八。”我们以为，这段话有点不靠谱。“六”这个数字产生于甲骨文时代甚至更早的时代，因此，其造字的依据肯定与《周易》无关。《说文解字》以为“六”这个字是“入”与“八”拼合而成的，也是有疑问的说法。

小篆“入”字作，而“八”字作，二者的拼合确实有点像小篆的“六”，即——尽管不是非常像。而甲骨文“六”字作，金文作。由于甲骨文“入”作，而甲骨文“八”作，甲骨文的“六”倒是更加像二者的拼合。所以，从表象来看，许慎的说法即“六”是由“入”与“八”拼合而成，似乎在甲骨文中得到了更加确切的验证。

可是，在字形比附的同时，还必须考虑结论要符合常理。著名学者孙诒让智慧地指出：从计数来看，应当是先有“六”后有“八”，因此用“入八”来表示“六”这个数字，于理难通。①孙诒让所著提出这一看法的《名原》一书的成书时代，还恰好在甲骨文发现之前。

随着更多的甲骨文出土，所见相关材料的进一步丰富，学者们逐渐悟到，《说文解字》对于“六”字的造字依据的认识暴露出了更多的疑问。郭沫若、马叙伦等纷纷指出：这甲骨文的“六”字，更可能单纯是一种字形的同音假借。②这是由于，在甲骨文与金文中，都找得到类似与形的“六”字，而甲骨文的“入”字作，可谓字形基本相同。因此甲骨文的“六”字是“入”字的假借。可是，也是按常理推测，这个想法还是有些问题，因为在甲骨时代或比甲骨时代更早的时候，似乎这个“六”字比“入”字更需要记录。尽管甲骨文中确已有了“入”字，如“王入于

① 见孙诒让：《名原·卷上》。

② 见马叙伦：《说文解字六书疏证·卷二十八》。

商"即"王进入了商地"(《殷虚文字丙编》八〇),但是甲骨卜辞里同样有许多"六"字。从常理看,在古人造出"入"字之前,应该已经造出了"六"字。

因此,我们以为,有一些专家的看法或许是最接近事实的:类似"五"字用㐅来记录,"六"字也只不过是在"五"字的基础上,变更笔画的位置造成罢了。也就是说,如果数字确实是算筹的描摹,那么"六"字所记录的算筹与"五"字相比,仅仅是算筹位置的变化——"五"字作交错状而"六"字作交接状。只是后来由于"六"与"入"字容易混淆,于是在表示"六"时,下面加上了两笔,成为 ⅄ 形,专事表"六",与"入"字加以区别罢了。

可见,往往愈是处于原始状态的文字,愈是不易考得其真正的理据与演变的轨迹。

至于"六"字在古人心目中的地位,也是非常特殊的。在早期,在后世,甚至在今天,可能这与其自然属性有关。比如,它既然可以为二与三这两个数字整除,那么在对于数字的优选方面,它是极占优势的。比如,您邀请了三位客人去您家作客,又不清楚他们是否都会如约而至,那么,您为他们准备的招待用品或小礼物,可能会选择六件,因为无论来两位还是三位,他们都能分得均匀——"六"可以为二整除,也可以为三整除。

"六"等于二和三的乘积的事实,也许还可以用来解释《楚辞》以六字句为多的现象——一句诗有六个字,既体现了平衡感,又体现了活泼性。

在字书、词典上,以"六"计数的单位也是特别之多。文学上,《诗经》有"六义";文字学上,造字有"六书";礼仪上,婚礼有"六礼";

军事上，军队有“六军”；牧业上，家畜有“六畜”（马、牛、羊、猪、狗、鸡）；情感上，欲望有“六欲”。我们相信，以上例证中至少有一部分，在客观上是未必需要以“六”来计数的，只是古人喜欢“六”数罢了。

造型似手势“六”的石雕

引自陈路、徐忠根《鉴评实例——六六大顺》，《宝藏》2012年第3期。

“六”也有其大写字——写作“陸”（简体作“陆”），小篆作，甲骨文作，金文作与以及之类的形体。从楷书看，好像与数字“六”没有牵连。但是观其小篆的形体，“阜”字是其意符，有“高”的意思。《说文解字》：“陸，高平地也。从阜从坴，坴亦声。”可见，这个“陸”字还是包含着表示“土块”的“坴”字。（《说文解字》：“坴，土块坴坴也。”）而这个“坴”字的小篆的上半部分还是“六”的古文字的变体。因为“六”字甲骨文有作者，与“坴”的上半部分相似。于是，我们发现了“六”字与其大写字确有牵连，“六”字就藏在“陸”字之中，只是我们不易把它辨别出来罢了。

“六”字到今天，还是个吉祥数。个中原因多多，除了上述的几个原因之外，还在于其读音的吉祥。如“六”与“乐”就是自古音近或音同的。自然，那“六六大顺”之类，就更不用在此多说了。

〖关于“七”的调查〗

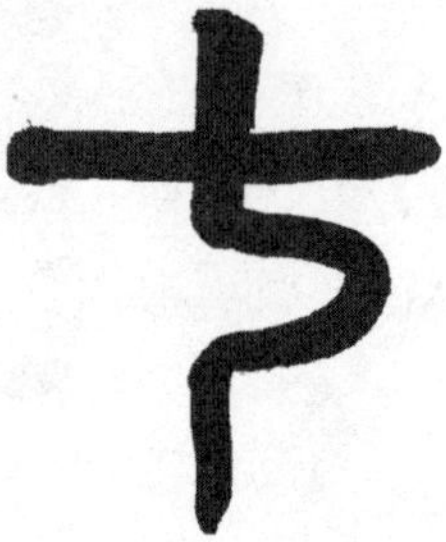

有一个古文字，甲骨文写作十，您猜猜是什么字。也许您会说是“十”——错！

再看看它的金文形体吧！写作十，您再猜。也许您还是会猜它是“十”——又错！

如果告诉您它的小篆写作七，大概您会相信，它至少不是“十”字。准确地说，这是一个“七”字！

其实，古往今来，汉字变化多端。真要说到甲骨文的“十”字，是写作丨的。这再简单不过的一竖就表示了“十”这个大数。我们可以想到，其实在十进制计数的数字系统中，它仅仅是把甲骨文的“一”旋转了90度竖起来罢了。

金文的“十”字一般作♦之类的形体，只是偶然写作†。到了小篆，才写作十。而那个“七”字呢？在先秦时代多数还是写作一横一竖的十，但是在个别金文和货币文字中，已经开始不安分起来，那些横和竖已经渐渐发生弯曲了。

许慎的时代，还没有甲骨文出土。古文字的造字意图，他多半不甚了了。许慎在《说文解字》中对“七”字的解释是：“七，阳之正也。从一，微阴从中衺出也。”因为许慎只见到了那个由甲金文经过形体变化形成的小篆ㄘ，强为作解自然是在所难免的。

后世的许多专家对“七”字的早期形态作了研究和说解。尽管他们的看法至今尚未趋于一致，但是，较多的专家都认为：“七”字很可能是一个用抽象符号造成的指事字。

有不少专家认为“七”的早期形态十是表示“切开”意义的一个指事字，因为“七”与“切”在上古汉语中是音同或音近的字；有的专家认为它是得形自手势语——两手交错。其实，这两种见解也许并不一定矛盾，因为看起来，手势语的两手交错的形状也可能恰是表示“切开”的意义。

还有一些专家认为“七”、“切”和“漆”古代音同或音近，于是把作为“七”的初文的造成与“油漆”之“漆”联系起来。如戴家祥先生就指出：“漆”字原来写作“桼”，《说文解字》已有这个字，恰恰“象割树皮后胶汁下滴状。”（《金文大字典》上）这是相当可信的。不过值得我们注意的是：人类对漆的种植与加工，应在人类能够计数之后，也应该在人类能够切割东西之后。因此，我们只能说“漆”这个词的形成在“七”字之后，至于“漆”这个字的形成就会更晚一些。所以，甲骨文字的“七”起初造出时，应该不是表示“漆”字的，而仅仅是表示“切”这个词。不过可以相信，“漆”这个词的形成理据及“漆”这个字的造成理据，都与

"切"密不可分。

所以，我们依据上面的分析，可以整理出"七"、"切"与"漆"三个词和三个字的产生流程大致是：

一、在相当早的上古，产生了数词"七"。当时还没有"七"这个字。在可能略晚的上古，甚至可能在不晚于"七"产生的时代，产生了动词"切"。当时也还没有"切"这个字。

二、伴随着社会的发展，原始文字产生了。当第一批原始文字产生时，作为常用数字的"七"也就产生了。而那个"切"字虽也比较常用，但应在稍后的时代产生。《说文解字》："切，刌也。"《广韵》："切，割也。"其实是一回事，"刌"也是切割的意思。我们已经无法知道"切"字的最早形态。但是我们相信："七"应该差不多是十的形状，而"切"也是与之同形的十。在可以被认为早期文字或早期文字萌芽的西安半坡陶片中，都可以找到这个字形，那就是汉字中最早的"七"字。到后来，记录"切"这个词的字，被加上了一个"刀"，以与数字"七"区开来。这个"切"字至迟在战国时代已经出现了。

三、"漆"这个"词"的产生要晚一些，"漆"这个字的产生则要更晚。最早的"漆"差不多是"桼"形，后来才加上了三点水。

由上面的分析可见，从语言文字学的角度看，"七"其实是一个算不得神秘的数字。可是，在它平实可考的起源的背后，历史又给它附丽以极其神秘的文化含义。这究竟是为了什么？

在西方，"七"就是一个相当神秘的数字。上帝创造世界所用的时间恰是七天，传说中的魔王有七个，罪有七宗（傲慢、妒忌、暴怒、懒惰、贪婪、暴食与色欲）。此外，一个星期共分七天，恐怕也是西方人某种意识的体现。由此可见，这个"七"字，在西方世界的文化中，或是吉祥，或是邪恶，但是其神秘色彩是难以讳言的。

在中国，“七”数的意义也被蒙上了浓浓的神秘色彩。尽管有人死后进行纪念的“七七”之做法，却也有“七夕”这个象征爱情的日子。与其说“七”是个不祥或邪恶之数，还不如说“七”是一个“巧数”。当然，我们不会忘记“七巧板”这种在古中国流行了千年以上的益智游戏。

京剧《七夕情缘》剧照
引自南柯《新京剧 搭鹊桥——新京剧〈七夕情缘〉上演于天蟾逸夫舞台》，《上海戏剧》2008 年第 1 期。

所谓“巧数”，就是在自然意义上有着特殊地位的数字。声有“七声”，色有“七色”，北斗星又称“七星”，显然这仅仅是古今中外相同的自然现象。至于人身高“七尺”、战国有“七国”，倒恐怕只是客观事实的写实罢了。

至于可称我国历史上最成熟的诗歌形式，唐诗也往往是以五言句与七言句为主的，这显然也是与“七”的自然属性分不开的。在可以表达一定意义（往往是一句话）又便于吟诵的奇数句子中，无疑五字句和七字句是最受诗人们青睐的。因为，作为诗句，三字句太短而九字句又太长了。

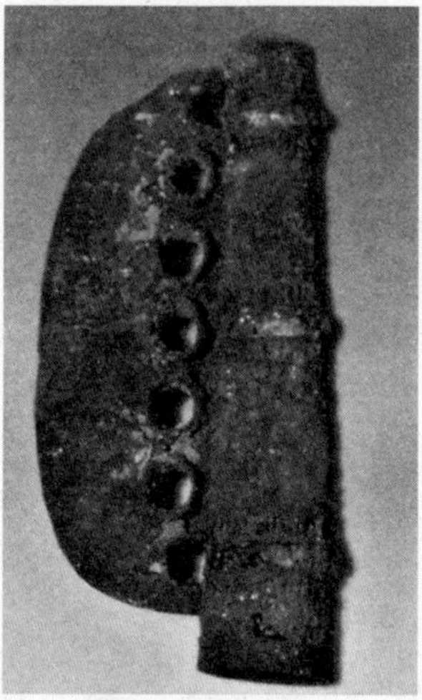

西周七孔钺

引自杜廼松《中国青铜器收藏鉴赏全集》，上海古籍出版社，2009年。

我们如果对逢七的计数类型作仔细统计和分析，就会知道，至少我们的祖宗是不忌讳“七”的。恰恰相反，我们的祖宗还有点爱“七”的癖好。《礼记》中说天子有“七庙”、人情有“七情”，《庄子》里说到圣人有“七圣”，连曹丕令弟弟曹植作诗，也限他“七步成章”。当然，我们知道，曹植的诗似乎有点对不住我们以上的论述——做的是一首五言诗而非七言诗。不过这不是他的才情问题，而只是因为他的时代是五字句盛行而七字句还未真正流行的时代。顺便说说：无巧不成书——恰是他的哥哥曹丕，写出了历史上第一首七言古诗《燕歌行》。

再回到前文所说的上古人的“七”，无论“七”这个词还是这个字，更是如此平淡而质朴，简直找不着一点儿神秘的色彩。所以，我们是不是可以说，由于那一横一竖的“七”字到后来一竖被弯曲成了ㄘ，于是对它的理解与使用也就变得更加复杂了呢？

【“八”是另一个吉祥数】

说到“八”这个数字，我们往往会马上想到“八卦”。尽管今天我们说“八卦”，往往是指种种娱乐性的新闻，但是，在我们祖先的心目中，“八卦”是一个神秘而又神圣的概念。

据说，在离现在三千多年的商代末年，周民族有一个姓姬名昌的领袖，被商纣王囚禁在羑里，推演出来一套计算事物和现象的数术。后来由于周灭了商朝，他就被追封为周文王。这一故事是不是事实，周文王是不是八卦的创始者，我们已经不易考证。但是，不得不相信，八卦确乎是一种化具体事物为抽象符号的伟大发明。

“八卦”是我国古代的一套象征性符号。用“一”代表阳，用“--”代表阴，每用三个这样的符号，组合为一个卦，一共有八种形式，叫作“八卦”，每一卦形代表一定的事物。乾代表天，坤代表地，坎代表水，离

云南呈贡县彝族的八卦瓦猫

引自赵国庆《信仰的灵光》，第 207 页，四川文艺出版社，2003 年。

四神八卦生肖镜

引自李建廷《宋金四神八卦生肖镜》，《收藏》2011 年第 2 期。

代表火，震代表雷，艮（gèn）代表山，巽（xùn）代表风，兑代表泽。这八卦之间互相搭配，又得到六十四卦，用来象征各种现象。后来的人往往用“八卦”来预测未来。

随即，也许你会产生这样一个问题：为什么周文王制作的这套术数符号，不用“七”，不用“九”，更不用“十”，偏偏要用这个数字“八”呢？

八卦的科学性如何是另一个问题，但是由于古人用“八”与“八”的整数倍尤其是八的八倍来抽象具体的事物和现象，我们不能不说，这“八”是一个有着特殊性质的数字。

“八”好像多少包含着平均的意味。如果切一块蛋糕，先是一分为二，再切就是四块，再分的话，自然就是八块了。无疑，这是切蛋糕的最佳方案。同样道理，在数学上，8 既然是 2 的 2 倍的 2 倍，也可以说是 2 的三次方，那么，这儿的“八”字，必然也会被许多人喜欢上，与前文我们看到的 2 与 4 一样，成为古人爱用的一个基数词。由于这个缘故，我们去找找词典，就可以发现以八计数的事物特别多。

事实上，“八”的这一数学性质，在我们关心的文字现象里，也得到了充分体现。

对于大于“三”的个位数字的起源，大概汉字“八”字是文字学家们争议最少的一个了。《说文解字》中对“八”字的说解是：“，别也，象分别相背之形。”回看更早的“八”字，甲骨文作，金文作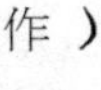。可见，从殷到周，“八”字的形体几乎毫无变化。许慎说的“象分别相背之形”，应该是没有什么不对的。

其实，许多文字学家都对许慎的这一说解毫无异议。只是一些文字学家，如马叙伦先生，认为这个古文字的形体，是对于人身上的两根锁骨的象形，而锁骨从人的颈部开始，确是分开的。而更多的学者，仅仅认为“八”的雏形，只是以两根抽象的线条的相背之形，来记录“八”这个词罢了。我们以为，马叙伦先生说法的证据还不够充分。

如果我们去看看与“八”相关的几个汉字，也许更容易相信“八”的初文很难说一定是锁骨。

小篆“分”字作。许慎的说解是：“别也。从八从刀。刀以分别物也。”这里，许慎并没有说明这个“八”为何物，仅仅说了用刀来切物是“八”的造字依据。在甲骨文中“分”字作，金文中作，与小篆几乎一样。与前文所说的“八”字的意思“别也，象分别相背之形”结合起来看，显然，这“八”的形体，到许慎的时代，已经说不出其实在的含义，只是被说解成为分解一样抽象的东西罢了。

再看看《说文解字》对“公”字的说解。许慎认为：“平分也。从八从厶。八犹背也。”接下去，他又引用了《韩非子》中的“背厶为公”作为其说解的佐证。这里的“厶”字，即“私”字的初文。小篆“公”字作

，下面似乎是个“厶”字。但是，甲骨文有作的，有作的，也有作的。而金文有作的，也有作的。那些字的下半部，自然不是“厶”字。因此，我们以为，许慎用“背厶为公”来说解“公”字，显然是一种想当然的做法。因为小篆“公”字中的下半部从来没有出现在甲金文的“公”字中。既然“公”字的下半部不是“厶”字，那么我们也可以知道这个字的上半部并没有相背之意，而是只有“平分”之意，只是象征着平分一件抽象物罢了。进而我们可以相信，既然那个下半部的口形或环形的抽象物仅仅是一个泛指物品的抽象符号，那么上面的“八”，显然也是一个表示抽象的“分别、判分”的符号。而这一想法倒是合乎情理的：所谓“公”，是对一件抽象物品的平分。

其实，自然界就是在很早的时候被分割为东、南、西、北四个方向的。而如果再细分，就再加上东南、西南、西北、东北四个方向。这一做法，恐怕是古今中外概莫能外的。我们之所以爱用“八”来分割事物，这也是一个典型的例证。更有意思的事是，“八”表示“分开”的意义，在纳西东巴文字的字中也找得到佐证。猜猜这是什么字？那就是“分开”。与汉字“八”有同样的本义和同样的形体。它还有个异体字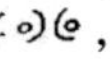，明白地告诉我们，这个表示“分开”意义的字，与汉字的“八”一样，也是分开一件抽象的东西罢了。

抽象的概念往往会指导我们具体的行为。比如，《论语·八佾》：“八佾舞于庭。是可忍，孰不可忍？”所谓“八佾”，是天子跳舞的队列，有八行八列，是天子观看乐舞时的队列。又如贾谊《过秦论》：“并吞八荒之心。”在这里，“八佾”实数（代表行列），“八荒”（代表蛮荒之地）是虚数，但是都包含了“最大数”的意思。而且可以肯定，天子乐舞所用规格的数字，必然是个吉祥数。

所以，我们相信：当我们的祖先会数“八”的时候，他们就开始了对这个数字的好感，并愈来愈多地使用“八”来计数。

“八”字大写作，在甲骨文和金文里都见不到这个字，但是许慎《说文解字》中有此小篆写法。《淮南子·说林》有此字：“故解捽者不在于捌格。”有意思的是，据《六书通》记载，我国古代字书里还有“扒”字。“捌”与“扒”原来是一样意思，无非是说把东西一分为二罢了。二字的微小差异在于：“扒”字用手而“捌”字手和刀并用。看到这里，我们毫不怀疑，我们这些善于抽象的哲学家般的老祖宗，吃起东西居然也是如此饕餮而不拘礼仪的。要是不信的话，你至少会相信，这“八”字的最初意义，确是把一件东西分开来，而这件东西偏偏又是我们说不清道不明的一件东西。

【“九”， 曾经是最大的数】

当我们在为读者诸君解说“八”字的时候，曾经指出：“八”是一个不难理解其造字依据的字。而当我们说到“九”这个稍比“八”大一点的自然数时，我们几乎无从落笔。因为遍览古今文字学大师对这个“九”字的说解，笔者的脑袋几乎被这些专家的马队践踏了一遍——他们每一位都对自己的说法深信不疑，然而他们每一位的观点又是如此悬殊而毫无共识！这正应了苏格拉底的名言：“我能告诉你的只是我一无所知。”

不过许慎他老人家的话总不能不提。他在《说文解字》中说：“九，阳之变也。象其屈曲究尽之状。”是不是说对了“九”的本义，我们暂时无法下结论。但是至少说明了，这个“九”字是一个古人心目中的大数，大到包含着数字的种种复杂而曲折的变化。自然，许慎的说解也许与小篆的“九”作的形状有关，但是从情理上来说，在上古时代，“九”被认为是一个极大的自然数，确是不争的事实。

其实许慎的长处就在于他在弄不清这个形体究竟象征什么东西时，不是一味胡乱说解其造字本义，而是仅仅点出这个字的大概意义。

因为许慎的时代，甲骨文已经遗失，他看到的只是少数的金文及当时通行的小篆。古文字研究时至今日，文字学家们已经可以从大量展示在我们眼前的甲金文的形体中，去探索“九”字的造字时的取象。甲骨文“九”作，金文“九”作，尽管不能确认它究竟象征何物，但是至少为学者们提供了广阔的探索天地。

于省吾先生认为“九字象蟲形之上曲其尾”，马叙伦先生认为“此肘之初文”，丁山、赵诚、李孝定等先生亦有此类看法，朱芳圃先生认为“此象动物足指践地之形”，也有专家如姜亮夫、杨宽二位先生认为“九”是虯龙的“虯”的本字即“丩”，肖兵先生认为是表示“九”的手势语，而罗振玉、徐中舒二位先生认为是“曲钩”形。我们以为，在诸家意见不统一的情况下，我们只好暂时不去对这个问题进行深入探索。我们可以做的是，借助语言学、文字学及文化史的知识，去研究“九”这个词的古代文化意义。

夏代二里头陶符

引自刘守安主编《全彩中国书法艺术史》，宁夏人民出版社，2003年。

在甲骨文中，有“九示”的卜辞，大概是指九位被祭祀的先祖。这一用法中，“九”显然是基数词。也有“九月”的卜辞，这里“九”又是一个序数词了。而且“九”还可以与“百”等连用，成为“九百”等较大的数字。

首先，“九”是一个大数。这是因为在十进制的计数系统中，九是最大的个位数。最早是因为原始计数习俗对九的真正含义的不可知感。到了人类文明尤其是计数能力有所提高时，一方面是这种习俗的延续，另一方面也是由于用个位数计数的方便，人们总是习惯用九数来为一些事物计数。天有“九天”（《国语》），地分“九州”（《尚书》、《尔雅》），日有“九光”（《尚书纬》），黄河有“九河”（《尚书》、《尔雅》），《楚辞》有《九歌》。这些以九计数的事物，有实数，如“九州”；也有虚数，如“九天”。而值得注意的是，即便是实数，也往往是为了表示“极大”意义而设置的。

由于“九”是如此之大的一个数，就难免被古人用为“天子之数”。天子祭祖有“九庙”（《汉书·王莽传》），天子之门有“九门”（《礼记·月令》），夏商周三代封官有“九卿”（《礼记》），后来官职分“九品”，连天子杀人都是“夷九族”。连“九”的大写字“玖”都是用了一种美玉来表示，《诗·卫风·木瓜》：“报之以琼玖。”可见此玉之美。

如果我们有兴趣去看看以“九”为声符的那些形声字，足以证明至少在古代中国，“九”这个字的确含有极大、极致的意义在内。《说文解字》：“究，穷也。”可知“究”的早期意义，就是极大、极致、极端之意。《汉书·食货志》：“害气将究。”这“究”也是穷尽的意思。到《尔雅》，指出“究，谋也”。其实已经是“究”的引申义，表示“探究”罢了。而“探究”其实也就是对一件事物进行彻底与深层次的考究，穷尽其最深远之处罢了。

“九”作为最大的个位数，自然有许许多多的用途。

九的二倍是十八。于是，“十八”就成了一个相对于“九”的更大的大数。汉初功臣封侯的有“十八侯”（《汉书·功臣表》），佛经里有“十八天”、“十八界”之说，连地狱也是“十八层”，而在民间，黄毛丫头也有“十八变”。

把十八加个倍，就得到“三十六”。秦始皇把天下分为“三十六郡”，古代兵法有“三十六计”，而《后汉书·班超传》中，当时古代中国认为西域共有“三十六国”。可见，这些比九和十八更大的数字，用三十六来记录的情况甚多。而这几个例子中的“三十六”，分明也是虚数罢了。

除此之外，七十二、八十一及一百零八的例子几乎还要多，就举不胜举了。

“九”之所以重要，除了它是一个最大的个位数，还因为它是三与三相乘的结果。这个理由不用多说。我们只要看看古埃及人认为“天、地和下界各有三个神，共计九个”的观念就可以知道：三与九的神秘意义，都不是仅仅古代中国才有的。

所以，回到“九”字的古文字形体的象征意义的探究，我们更加相信：与其说这个“九”是一个具体事物的象征，还不如说它是“九”这个最大个位数字的抽象。在造出“九”这个汉字的时代，我们的祖先是应该具备如此的抽象思维能力的。

“十”——大数、完整数、模糊数

在中国乃至世界的绝大多数地方，自古以来就是以十进位制为主流的计数制度。

小篆的“十”字写作十，许慎认为：“十，数之具也。一为东西，丨为南北。则四方中央备矣。”所谓“具”，就是“完备”，许慎的意思是到“十”就是全部的数字了。这在一定意义上是合理的。然而，他对“十”的字形的说解却是毫无道理的。由于许慎生不逢时，既没有看到一片甲骨文，又极少接触过金文器物，因此，在不充分了解汉字较早历史的情况下，他对“十”字字形构成的依据的理解，完全是凭空的臆想。

其实，在甲骨文时代，就有“十”字。当时的“十”字写作丨，就是一竖罢了。到稍迟的金文中，这个“十”字有时有点发福，成为丨，有时这一竖的中部干脆加上了一个圆形，成为丨，也可以加上一横写成十形。

聪明的读者已经发现：从“十”的字形变化历史来看，因为十可以看作是最小的二位数，所以那个历史上最早的“十”字，仅仅是把表示“一”的一横转了九十度而已。其他的金文里的“十”，或者是因书写方式的不同，或者是为了与更大的数如“二十”相区别，把它的形体稍做变化，于是造成了许许多多千姿百态的其他的“十”。

我们在前面介绍“五”字的时候，已经讲述了“五”之所以作为一个特殊的数字，仅仅是因为造物主给了每个地球人每只手有五个手指罢了。其实，造物主还给了我们每个人两只手，于是把这个“十”推上了比“五”更加重要的地位——地球人普遍使用的计数系统是十进制。试问，历史上有没有非十进制的计数方法呢？有，却不多。举例来说，个别非洲的民族也有五进制，可是现在早已为十进制所取代。世界历史上使用二进制的地方也有一些，比如在澳洲、在巴布亚新几内亚都有二进制计数的历史。这也许是上帝赋予我们每个人两只手的结果。可是时至今日，除了计算机语言之外，在生活中使用二进制的情况很可能是没有了。这是由于二进制虽然先进但是计数不便造成。试想我们今天用十进制记忆 1 个 8 位的电话号码，只要记住 8 个个位数，而在二进位计数制中，你记住这个号码，需要去记住多少个数字？——对不起，呵呵！我已经有点算不清了。但是很显然的，用二进位计数制，一个相当于十进位计数制 10 的数字，得写成“1010”这一串数字。

另外，古巴比伦用过六十进制，古代玛雅用过二十进制，这是既古老又原始的计数方法。

有一把安阳殷墟出土的象牙尺，长近 16 厘米，分为 10 寸，这一文物说明中国商代的十进制已经用在长度上了。

在我国的其他民族中，也不乏十进位的例子。纳西族东巴文中，“一”

到“九”分别作1、11、111、11/11、111/11、111/111、1111/111、1111/1111、111/111/111，都是1的叠加，而10则作㐅，真是面目大变，同汉字异曲同工，只是东巴文“五”到“九”的写法比汉字更为直接而已。

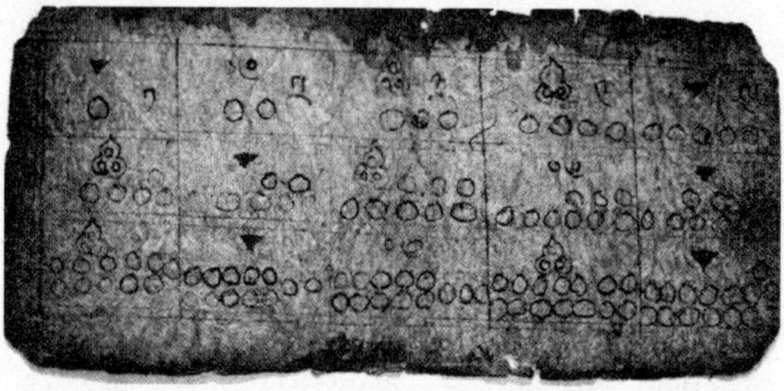

耳苏数字符号
引自宋兆麟《耳苏人沙巴象形文和图经调查》，民族出版社，2011年。

说到这里，我们不会怀疑，在汉族历史上，在中国，“十”既是一个实用的数字，又是一个象征完美和吉祥的数字。

首先，“十”在古人心目中应该是一个完整的数。《周礼》可能是最早提出“十全”的。“十全为上。十缺一次之。”所以你如果买补药，铺子里摆的总是“十全大补膏”，因为“九缺一”是不全的。

同时，“十”显然还有“大数”的意义。《天问》：“璜台十成，谁所极焉？”郭璞认为：这个“十成”就是“十层”的意思（《尔雅注》）。而《汉书·艺文志》中把学术诸家归成儒、道、阴阳、法、名、墨、纵横、杂、农及小说十家。最有意思的是，据我国古籍所记，上古计时制度，把一昼夜分为“十时”，到秦汉才改为十二时。《左传·昭公五年》：“日之数十，故有十时，亦当十位。”就是说的这个情形。

由“大数”的意义，“十”又往往被染上一种“模糊的多数”的意味。如历史上“羿射九日”的神话（《淮南子》、《山海经》），说的是原本天空中有十个太阳，晒得人太热，于是羿射下了九个太阳，只留下一个。在原始社会里，这“十”很可能是一个模糊的多数，表示“很多”——这个时代的人倒也未必数得清十。直到后来，“十”还有时带有一些“十左右”的意味。《论语》中“三十而立，四十而不惑”之类的话，这里的年龄显然也是个大概，今天的“十面埋伏”、“十里洋场”，还是把“十”用作一个模糊的大数。

后羿射日漫画

引自赵汀阳《后羿射日》，《读书》2009年第12期。

当然，也有毫不模糊地用“十”数来记录事物的做法。至晚在殷商时代的甲骨卜辞中，人们已经用十“天干”来记录时间，可见我们的祖先对“|”计数的喜爱，尽管我们对天丁的起源还有着许许多多的疑团没有解开。

“十”的大写字是“拾”。《说文解字》：“拾，掇也。”这个字可能是借同音字来记录“十”的结果。

值得注意的是，还有一个“什”字。《说文解字》：“什，相什保也。”把这个字说成了一个会意字。十个人为户籍单位上一个“保”的意思。其实，这里，"什"的本义还是许多人聚集的意思，可知，"什"字在人们心中还是一个约数。而从文字结构来说，"什"可以看作一个会意兼形声的字。

如果我们去翻翻甲骨文，那么，除了"十"字，还有一个表示"二十"的"廿"。甲骨文此字有作的，有作的，也有作的。金文里的"廿"作，到小篆，已经作廿，与现代汉字的"廿"已无大别。纳西东巴文相对汉字略显原始，写作××，是两个"十"的叠加。这"廿"字还有个大写字写作"念"，恐怕就是借了一个笔画相对较繁的同音字。

甲骨文还有个，金文是，当然这就是"三十"。这个字现在写作"卅"而读成 sà。

后来，甲骨文里还发现了表示"四十"的，我们已经不知道它曾经读为什么了。

含"卅"的甲骨片

引自孟世凯《甲骨学辞典》，上海人民出版社，2009 年。

好记性的读者还会想到：我们说"七"字的时候，说到了"七"的形体作十（甲骨文）与十（金文），其实与甲骨文和金文的"十"即、、、差距很大，是不会混淆的。到了小篆时代，"七"字写作，下面打了一个弯，就彻底地把"七"与"十"分开了。总之，"七"字总是胖乎乎，"十"字总是瘦巴巴，这是这两个字形体特征区别的要点。

【“百” 字的来历】

在古代的汉字中，这个“百”字也许比我们前面所研究的从“一”到“十”的十个数字更加难以追溯其字源。如果去查一查关于汉字字源的工具书，那么，专家们对于“百”字的解说可谓五花八门，实在难以把他们的见解统一起来。

在距今三千多年的甲骨时代，已经有了“百”字。有写作的，但更多是加上了一横写作。

《说文解字》写成时，甲骨时代已经过去了一千多年。但是其中小篆“百”字的形体写作，似乎与甲骨文的“百”相差不大。可见，尽管许慎不了解“百”字的字源，但是这一千多年之中，“百”字的形体并无较大的变化。至于对“百”字的形体来源，许慎自然也无从了解。他说：“百，十十也。从一从白。数。十百为一贯。相章也。”在这一段说解中，我们了解到，许慎多少认为“百”字是一个数词的书面形式，它的结构又与“白”字依稀相关，是“一”字下面加一个“白”字。其实他是仅仅凭借小篆的形体来说解文字的结构，是否合于事实，还需要进一步的考察。至于末了说的“十百为一贯”，恐怕在甲骨时代记录货币的体系中还不曾具备。

也许是多少受了许慎观点的影响，有的专家认为甲骨文中的“百”字是一个钱袋的象形。由于我们不太了解甲骨时代的钱袋长什么样，所以，这一说法还有待去寻找更多的证据。

也有专家认为甲骨文的“百”是古代货币“贝”的象形。这一说法，好像暂时也还找不到充分的佐证，尽管字的确很像贝形。

其实，许慎所言“百”字“从一白”的说法倒是有一定合理性。因为这个“百”字，在甲骨文中既有作的，又有作的，而后者恰恰是在前者的字形上加上了一个“一”字。而甲骨文的“白”字写作，与甲骨文相比，仅仅是在字之间少了一个斜折形的符号而已。因此，有较多的专家相信：“百”字是“白”字的假借，而为了把“百”义与“白”义区别开来，在其中加上了一个折线符号。而这个说法的一个佐证，就是于省吾先生指出的：甲骨文中还有把“白”直接借为“百”的例子，如以“三白羌”来表示三百个羌人。

马叙伦先生还为这种说法增加了一个佐证。他指出：甲骨文里上百的数字往往用“合书”写法，如在字上方加上一横成为“二百”，还有“五百”、“六百”都这样做，可见这个“百”字的确是“一”在“白”上加一短横而造成。其实郭沫若先生也早就指出过：“十之倍数古文多合书。”他还举了“五十”之类的例子。

其实，如果我们向问题的深处去想，那么，还有一个情况值得考虑：

为什么我们的祖先在记录“一”到“十”的时候，基本上不用纯粹的同音假借的方法，而记录“一百”时，就用了假借呢？是不是古人数不清“一百”这个大数呢？

当然，其中一个显而易见的原因确实在于百数过大，虽然商代人已经数得清“一百”，但是他们不可能画上一百笔来表示“百”。除此之外，我们还要提出另外一个原因，那就是古人计数能力的低下。

首先，尽管在甲骨卜辞中，有“获口其三万大”（“大”即“人”）（《殷契粹编》一一七一）、“一万人”（《殷虚卜辞续编》一九零）、“二千六百五十六人”（《殷虚书契后编下》四三·九）之类对大数的记录，但是我们可以设想：在甲骨上刻上这些大数的，仅仅是那些精通数算的商代高级知识分子。当时的一般百姓，要他们理解较大的数字应是不可能的。

其次，随着文字学与文字学史研究的深入，甲骨文并不是我国最早的古文字。甲骨文中的“百”字既然已经是一个常见的词，显然，在甲骨文产生之前，更早的汉字中已经出现了记录“百”的字，或至少产生了这个字的雏形。而在那个早于甲骨时代的时代中，很可能人们真的是把“百”字当作一个大不可数的数字的。在这种情况下，显然人们只可能用两种手段来记录这个“百”——不是找一个与它具有意义上关系的字，就是找一个与它在发音上相近的造字。

使用甲骨文字的人选择了后一种方法，用一个与“百”音同或音近的字“白”来记录“百”这个词。其实，也有其他民族选择同一种方法，如我国西南边陲的纳西族人用一个鸭形的字来记录他们心目中的大数“亿”，因为纳西族语言中的“鸭子”与他们语言中的“亿”的发音是一样的。

有意思的是，纳西族人在记录“万”字时，却用了我们前面所介绍的第一种方法，即借用一个（东巴文中的“天”）或（东巴文中的“星”字），究其缘由，显然是用“天”之高远与“星”之繁多来象征“万”数之大吧！

所以，直到后世，直到今天，我们还须要在看到或听到含有“百”数的字眼时，细细想一想：这是实在的“百”，还是一个“百”的约数。《诗·大雅·假乐》有“千禄百福”之句，这“百福”二字，显然是“许许多多福气”的意思。《易·系辞》：“百官以治。”这“百官”显然也必须理解成为一个约数。还有李白的诗：“危楼高百尺，手可摘星辰。”这里的“百尺”用今天的量制标准来说，大约是七八十尺，也就是二十多米，恐怕唐代还不多见如此高楼吧！

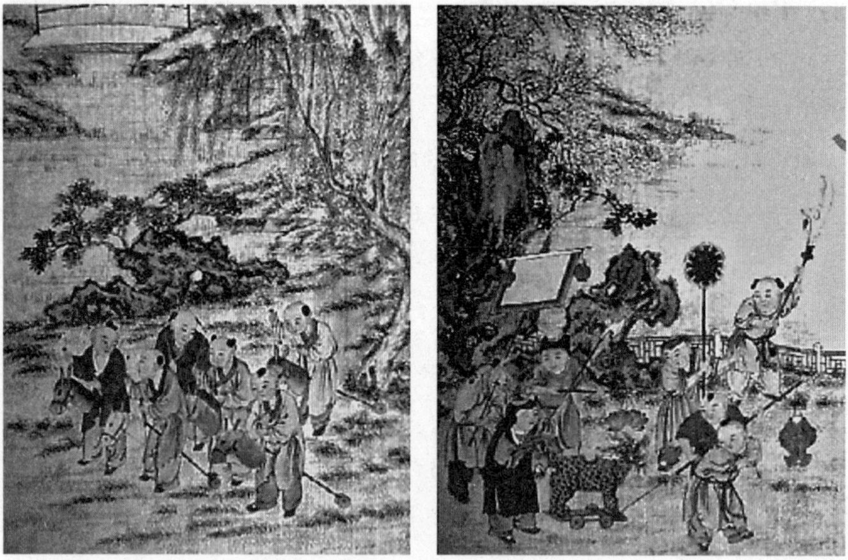

百子图

引自叶康宁、高敏《焦秉贞绘制的“百子图”》，《东方收藏》2010 年第 6 期。

自然，前面所说的作为约数的“百”，往往是一个把小数夸张为大数的说法。有没有反过来的呢？也有。今天的《大百科全书》，显然涉及的科目远不止一百种。所以我们相信：语言文字是具有模糊性的。

关于《百家姓》的艺术作品

引自殷双喜《胥建国景观艺术作品——〈百家姓〉山石云水皆人境》，《装饰》2002 年第 6 期。

按照常规思维来说，人们对数的认识是从小到大的，正如《前汉·律历志》所言：“纪于一，协于十，长于百，大于千，衍于万。又众多也。”所以，讲古代数字讲到一百是远远不够的，我们将继续探寻比一百更大的数字……

【“千” 字的故事】

在文字学研究中，往往结构最简单的字却最不易理解。如谓不信，请看这个表示一千的“千”字。

“千”字，《说文解字》中的小篆形体作，解说其字义为：“千，十百也。从十从人。”显然，许慎他老人家对这个字的解释使我们很难深信不疑。首先，既然“千”是十个一百，那么，如果其结构是一个“十”加上一个“人”，与其意义并不符合。其次，从这个“千”字的小篆形体来看，上方的“人”与下方的“十”是紧紧连接成为一体的，很难相信这个字就是“人”和“十”的拼合。我们宁可相信，许慎他老人家活在远离今天几乎两千年的时代，而在比许慎早一千多年的甲骨时代，汉字里早就有了这个“千”字。

于是，我们至少应到甲骨文与金文中去找寻这个“千”字造成时的依据。甲骨文的“千”字写作，金文的“千”字写作，可以说，与小篆几乎相同。可见，至今咱们可以见到的“千”的古文字形体，与它刚刚造成时确实没有什么大的差别，它的确是在“人”字上加上一横而造成。金文中虽然有之类的形体，已经不像“一”与“人”的拼合，但是我们更相信这仅仅是形体的变化罢了。

清代铜鎏金千手千眼观音

引自乐后圣《千手观音》，华夏出版社，2005年5月。

随着古音学研究的发展，学者们已经了解到：“千”这个字的上古读音，应该与上古“人”字的读音相近或相同。我们已经知道，那“百”字就是从假借古音与之相同的“白”字而来，那么，我们也可以推测，“千”字也是从那与之有读音关系的“人”字而来。其实，南唐的徐锴已经指出了“千”字“从十人声”，意思就是这“千”字的读音与“人”字相似，因此借用“人”来记录“千”这个字。

当然，说到这里，我们还不太明白：既然是一个假借用法，那么，就用这个“人”字来记录“千”字就足够了，为什么还要加上一个“十”或“一”来表示“千”呢？我的老师戴家祥教授的观点是可以令人信服的。戴先生在其《金文大字典》中告诉我们：与“人”字组成“千”字的，不是“十”字而是“一”字。“人”字在表示“千”字时，已经是一次典型的假借了。然而，为了与“人”字相区别，才加上了一横。当然，还有一个在借作“千”的“人”字上加一的理由：我们看看甲骨文，就知道当时的“千”字往往用来表示人的数量，因此，甲骨文与金文中不乏记录千人以上的结构：如，就是“三千”，有时也可读为“三千人”。甚至“五千”，甲骨文可以把“五”字写到“千”字一竖的上面。甲骨文有“登人四千”（《铁云藏龟》二五八·一）的记录。《小盂鼎》也有“万三千八十一人”的记录。

其实，我们还确实可以提供一个这一想法的佐证：宋代夏竦《古文四声韵》有这样一个宝贵记录：《滕公墓碑》中有一个“千”字，的确写成了“人”字作。可见，汉字史上曾经有过“人”借为“千”的一页。其实，这与上面说“百”一文中认为“百”是在“白”的基础上加“一”的做法可说如出一辙。

说到这里，也许充满智慧的读者还联想到了几个没有解决的问题。

首先，您可能会提出：这数字“千”大写作“仟”，是在“千”字左边加上了一个“人”旁。以“千”为声符的字很多，与“千”同音的字更多，为什么古人偏偏要以这“仟”字作为“千”的大写呢？

事实上，这一类情况的产生确有其偶然性。但是我们不妨作些尝试性的推测：

其一，既然“百”字的大写作“佰”，加上一个“人”，那么“千”字的大写也同样一仍其旧，也加上了一个“人”字旁。

其次，这“人”字旁的选择也不尽偶然。由于“千”字在古代常常用以计人数，所以加“人”旁作为形符，也是古人多少有意识的做法。

其三，虽然“仟”字不见于《说文》，但其出现也比较早，而且很早就是“千”的异体。《史记》：“蹑足行伍之间，俛仰仟佰之中。”司马贞《索隐》：“仟佰，谓千人百人之长也。”《汉书·食货志上》：“有仟佰之得。”颜师古认为：“仟谓千钱也。”可知，在汉代，这“仟”字已经出现，而且多有表数字的。因此，我们以为，“仟”字用作“千”的大写，既有其偶然性，也有其必然性。

另外，您可能又会提出这样一个问题：不知是不是直觉使然，我们有时会觉得，这“千”字在大的整数中，好像使用频率比“十”、“百”和“万”都要更多一点。是不是在科学的视角上，这“千”字本身也具备了一些特殊的性质？

从语言学研究的角度，也许可以解释这个问题。在中国的古代文学作品中，“千”字出现的概率较大与其语音上的特点分不开。

“十”和“百”以及“万”，在古音中都是仄声字。相对来说，作为平声字的“千”，在读音上更加响亮。而且，在讲究对仗与平仄交替的文学作品中，“千”字作为平声字，无论与仄声数字“十”、“百”、“万”相对，都是适当的选择。顺便说说，更大的数字“亿”在上古也是一个仄声字。

浙江千岛湖
引自郭昱、袁辉《千岛湖 · 黄山 · 婺源黄金指引》，广东旅游出版社，2009 年。

其实，也许西方人重视“千”数的历史更加早一些。在一些西方民族的数字中，好像“千”早已成为一种进位制度。英语单字中专为一千的一千倍即一百万造了一个词——million，我们今天称为之“兆”。而同样值得注意的是：西方度制的“千米”、量制的“升”即一千毫升、衡制的“千克”（即公斤）也都是重要的单位。

到了科学尤其是计算机科学高度发达的今天，这“千”字就显得更加繁忙起来。我们知道，10 的三次方即 1 000，而 1 000 再乘 1 000 即现在西方科学中的一兆。于是，1 000 成了“千进制”的一个基本数字。究其原因，也许与 1 024 即 2 的 10 次方有关。1 000 与 1 024 是非常之接近的。因此，在许多计算中，科学家往往把 10 的立方模糊为 1 000，以便使他们的运算简便得多。

〖"万"，大数还是小数?〗

这个问题还用问吗？“一万”这个数字，够大的了吧？好像真是个大数，且看“万”的繁写“萬”，笔画也够繁的了吧？

有一个小学生，入学第一天，老师教了“一”、“二”“三”三个字就下课了。第二天，他父亲让他去学校，他不干了。他说：“想不到读书认字是这么容易，所有的字我都会写了。”于是大喜过望的父亲让他写一封请“万”先生吃饭的信。那孩子以为“万”字须画一万横。写了大半天，才写了三千多横。这个故事至少说明：在文字中，仅仅用“画成其物”的方法去造字是远远不够的。到较大的数字，最便捷的方法就是假借同音字。

从我国的古代文献来看，至少在历史上较长的一段时间里，这个“万”在人们心目中，几乎是一个最大等级的数字了。从祝活着的人“万岁"、"万寿无疆"到祝死去的人的"万古长青"、"万古流芳"，无不暗示着我们古人对"万"所表示的时间之长远；而诸如"万顷良田"、"万里长城"则是从空间的角度来证明"万"字表示的大数意义。

石刻《万佛山》
引自陈亮《万佛山》，《宝藏》2010 年第 4 期。

在我们的先民以万计数的过程中，也许计人数是最早的需要。在甲骨文中，已经有"万"字的使用。郭沫若《殷契粹编》一一七一："获口其三万大。"即抓到了三万人。还有一些甲骨片，有"一万人"的记录。依据至今发现的甲骨卜辞，"三万人"是最大的计人数的记录。至于那"三万人"是个准确的数字，还是个估算的结果，恐怕聪明的读者心中自然有数。

至于这里的"万"是不是一个虚数，我们还不可断言。但是我们可以相信，既然甲骨文中有"千"与"几千"，那么，卜辞中的"万"至少不会是一个过于夸大的数，应该至少是一个接近于一万的数字。

至于"万"被用来记录时间，也是出乎我们意料地早。如《诗经·七月》里就有"万寿无疆"的句子，大概是对农奴主的祝贺。

可是，说“万”大有道理，说“万”小也有道理。从“万”字的形体来看，它却是一件很小很小的东西。甲骨文的“万”字，作、、之类的形体，所以，许多专家都有“万是一条虫”的共识。且看这些形体，不是虫是什么？

这个判断，还有一个佐证：金文的“万”有字形作之类，分明是在“万”下加了个“土”字，显然表示了蝎子的生活环境——泥土。

因此，许慎在《说文解字》中就告诉我们：“万，虫也。”这说明，迟至汉代人，已经弄清楚了“万”字的形体，得自一条虫子的形状。

是一条什么样虫子呢？许多专家都以为，是一条蝎子。上面我们所举的三个甲骨文都明确地告诉我们这一点，而金文“万”作、、等形状，更加明显地告诉我们：这个“万”字的确是借“蝎子”的形体而来。

而值得玩味的是：为什么“万”字不去借其他事物的字，偏偏借了这个“蝎子”。

有不少文字学家认为：这是由于“万”字表示大数，而往往是群居的蝎子之多，也是大数。这是一种看来比较合理的说解。我们在这里再提供一个佐证：纳西族东巴文字有“万”字，有时借“星”的字形来记录。虽然与汉字有异，但造字原理如出一辙：天上的星星与地上的蝎子一样，多不可数，于是就借用为“万”来记录大数。更有专家认为用蝎子的形象来表示“万”数是一种读音的假借，也是完全可能的。

由此可见，最早的“万”字，更精确地说是更早的“万”这个词（那时可能我们汉族还没有文字，只是在语言里有“万”这个词），很可能真是一个仅仅表示“多”的字或词。其实，“万”字表示“多”的用法，在后来的文献中也普遍存在。王昌龄的诗句“万里长征人未还”，充其量也是几千里，当然是华里。“万里长城”倒真是绵延万里——当然也还是华里。

这种把"万"用作虚数或约数的习惯，有时还免不了有些过分的夸张："万年笔"在日文里就是自来水笔，因为不用老是蘸水，可以一直用下去，就得了此一雅号。

还会有好奇的读者会问："万"这个在上古人们心目中看来神奇的词，用一条虫来表示，是否有对神圣不敬之嫌？其实，从汉字史来看，即便把帝王的名字用同音的字记录下来，也是可以的，即便看起来那些字很不正规。"秦穆公"与"秦缪公"原是一人，甚至那大禹的"禹"，本义也就是一条虫！另外，在甲骨文中，还有"往万"（即"到一个叫'万'的地方去"）的记录，在这里，"万"就是一个地名或方国的名称了。可见，在商代，"万"字已经是一种"万金油"，能派各种不同的用场。

这个"万"字与繁写的"万"即"萬"有什么关系？您一定会说：是它的简体字！可是，您也许不知道，这个简体字出现得很早很早。我们在金文里，就可以发现这个简写的万、万之类的形体。这个字在先秦的货币文字中其实是十分常见的。从客观需要来说，货币文字铸造条件较差，因此，需要用一个笔画较为简单的字来代替那个繁复的"萬"字。从文字

万岁瓦当
引自朱启新《看得见的古人生活》，中华书局。2011 年。

的形体来看，这个“万”字也许是金文之类形体的简化和线条化。甚至，在甲骨文里也有这类似乎“简化”了的“万”字出现，不过它往往表示祭名或职官名。

此外，在甲金文字中，我们还可以见到，有的“万”字在“蝎子”形的下面似乎加了一些笔画，如。看来，这是一条加工美化过的蝎子尾巴。而有意思的是，在《说文》中，有一个在“万”字之下加上一个“虫”字的“虿”字，读 chài，去声。有一个成语“蛊虿之谗”，用来比喻坏人的谗言。一些专家认为，这个字与“万”字，记录的都是“蝎子”，不过那个下面加上了虫子是另一种更毒的蝎子罢了。

【满“亿”才能满意】

还有比“万”更大的数字吗？当然有。您一定会说，那是“亿”。可是，下一个问题是：“亿”有多大呢？这个简单的问题，却至少有两个不同的答案。

联合国人口基金会 2011 年发布的公报说：当年 10 月底世界人口将达到 70 亿，人类将面临“可怕挑战”。这里的“亿”，显然是“万”的一万倍的意思。

可是，在中国古代更早的计数系统里，这个“亿”只是“万”的十倍的意思。《诗经·魏风·伐檀》：“不稼不穑，胡取禾三百亿兮？”这话可能是指那些不参加劳动的农奴主的过多所得。这里的“亿”，显然还是指一万的十倍。写作时间比《诗经》稍晚的《礼记·王制》中有“为田九十亿亩”的话，这里的“亿”，也不至于大到“万万”之数。而

《易经》中的震卦，也有“亿丧贝”之句，其中的“亿”，郑玄注“十万曰亿”。可见，在中国，“亿”最早仅仅是“十万”的意思。大是够大了，可是比起今天汉语中的数词“亿”，还是一个小数字。

其实，古人造这个原来写作“億”后来才简化为“亿”的字，初衷并不在于计数。《说文解字》对“億”的解释是：“億，安也。从人意声。”许慎的意思，“億”字的本来意义，仅仅是“安”的一个同义字。翻翻古书，的确也不多见到“億”的本义的用法。《国语·晋语》的“億宁百神”，“億”与“宁”连用，是一个此字用以表示其本义的一个句子——“亿宁”即“安宁”。

但是，许慎他老先生却在不经意中向我们透露出了“億”字的另一个信息。在《说文》对“意”字的说解中，他说：“意，满也。从心，音声。一曰十万曰意。”依据这一段话可见，有很大可能性的是：这个“意”字，原来就有表示“满”的意义。而当时的汉语中，有表示“十万”这个大数的需要，就由“意”这个词派生出来了“億”这个表示“大数”、“满数”的词“億”（当时还没有这个“億”字)。而差不多在同一时代，汉语中又有表示“安宁”与“满足”的“億”这个词。在一个时期里，这个词，都借用“意”字来记录。后来，那个表示“安宁”与“满足”的词“億”加了一个“人”字旁以与“意”字区别，而由于这个字其实也不大常用，于是，记录“十万”的那个“億”字，也借用了这个“億”。虽然我们无法提供充分的证据，但是，这也许是这个数字“億”的产生的最可能途径。金文中有用这个“意”字即来表示“億”数的，虽则用得不够多，但是足见汉字史上也确乎经历过用“意”来记录“億”的时代。所谓“满意”，恰恰是因为多得满了“億”。之所以后来经常用“億”而不用“意”来记录大数，是因为“意”字其他用途太多太常用，而表“安宁”的“億”却几乎不用。

好奇的读者也许会问：这个“亿”是十万，那么大于十万的数字，我们的祖先又是怎样表示的呢？告诉您：我们的祖先，有可能很早就造出了更大的数字“兆”字，甲骨文字作从。“兆”计数可以用作计一百万。对这个字，有的专家认为这就是占卜时卜兆的象征。《说文解字》对“兆”字的说解是：“𠧞，灼龟坼也，从卜兆象形。兆，古文兆省。”依此，有一些专家相信：这个甲骨文中的从字，恰是依据古人占卜时的卜兆造成的一个字。如果这一观点没有错，那么，我们相信：许慎对这个字的造字与字形发展过程确是有了认识上的颠倒。我们更加愿意相信，那个“兆”字起先是卜兆的象形，到后来才加上了一个“卜”字成为小篆的𠧞。不是“省”，却是“增”。

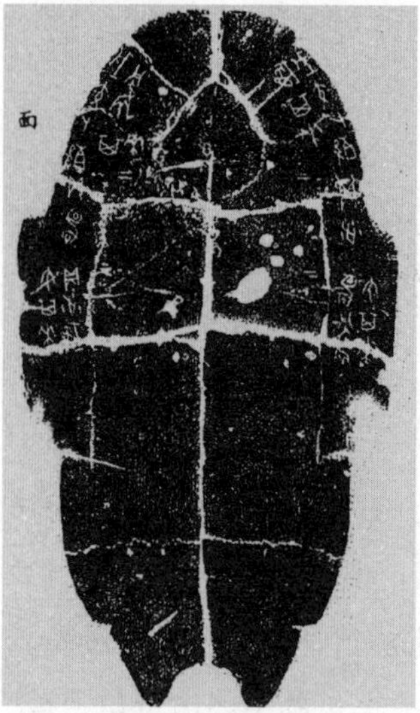

唐兰旧藏武丁时代整甲
引自陈梦家《殷墟卜辞综述》，图版十九，中华书局，1988年。

值得重视的另一种观点是：这个从字在甲骨文中仅仅是用来表示地名的字，与卜兆无关。细察此字形体，似乎确实与甲骨上的卜算不上过于相似。而且，在金文中，竟也找不到这个“兆”字。因此，认为这个从字非“卜兆”的观点，也未必不能成立。以上两种观点孰是孰非，还有待文字学家们进一步的研究。

值得在此向读者诸君交代另外一个你们也许不曾想象到的事实：在古中国，可能在上述的计数系统建立并不太久的时候，这个“亿”也可以用来记录远远大于10万的数字。《孙子算经》中记载：“凡大数之法，万万曰亿，万万亿曰兆，万万兆曰京，万万京曰垓，……”。

《孙子算经》此书，作者已不可考，但是写作的时间约在公元四世纪或五世纪，应相当于南北朝的时期。在这部数学与计数的著作里，已经有了所谓“大数之法”。在这个“大数之法”中，我们看得到，其进位法用的是千进制而非十进制。

依照“大数之法”，“兆”是一万亿，而“兆”一级以上的数字是“京”，“京”以上的数字是“垓”，再后面依次是“秭”、“穰”、“沟”、“涧”、“正”、“载”、“极”等等……

到底在从“亿”数开始的计数中，古代中国何时用“大数之法”，而使用“大数之法”之后，“小数之法”是否与“大数之法”并行……这些问题还是留给数学家与数学史家们去讨论吧！

最早的方位字

【“上” 是一粒芝麻】

“上”，是一个何等可爱的字！语言学家认为“上”在语言中是一个方位名词。应该说：当人类分得清“上”与“下”时，这个“上”就产生了。原始部落的人们大概会经常说：“我上山去采吃的！”对不起读者了，我不知道他们究竟采什么东西用以果腹，但是语言学家一定会说：“这个‘上’字已经用作动词了！”呵呵！看来这个部落还不算是最原始的部落吧！

语言学家俞敏教授曾经在他的论文中打趣地说：“上”字甲骨文作，是指在一个大饼上有一颗芝麻。大家都佩服他的幽默感，却可能没有注意他从文字学角度上的判断也是合理的。由于甲骨文的“上”是一个高度抽象的指事字，在原始文字的时期，它曾经由实物来表示也是完全可能的。

贾公彦《周礼义疏》说："人在一上为上，人在一下为下。"吕思勉先生深以为然，并认为"段氏臆改为二、二，殊非。"由于从字形看，今天我们见到的《说文解字》中，小篆"上"作丄，下作丅，所以不管贾公彦和吕先生的意见是否合于事实，他俩的看法至少是有启发性的：在汉字中，仅仅含有抽象符号的指事字往往是从含有象形符号的指事字演变而来。

依据这一说法，再去看俞敏先生的意见，其实与吕先生异曲同工——都认为"上"字来自具体的事物象形符号——是大饼上的芝麻也有可能，是人也有可能。

其实，在我国贵州省水族人民使用的民族古文字水文中，"上"字至少可以有、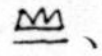、、、、六种形体，可以说，有用和之类的抽象符号记录的，也有用和之类形象符号记录的，还有用和之类几乎同小篆构字原理相同的抽象符号与形象符号的组合造成的。这些字，的确可以作为俞敏先生与吕先生的观点的佐证。

由以上的说明，我们还是无法确切地推知最早的、应该出于原始社会的汉字中"上"字的来源及造字依据，但是我们相信：甲骨文时代的"上"已经是经过高度抽象化的结果了。写到这里，我们不能不佩服我们祖先的高度抽象能力。

金文中的"上"字，与甲骨文大致相同：有作二的，有作上的，其实后者已经与小篆的"上"极其相近了。

在甲骨文中，这个"上"字已经有了多种的用法。甲骨卜辞中的"下上若"一类的句子，"上"一般指"上帝"、"上天"一类事物。此外，甲骨文中常见"上帝"的提法。看来，殷人对上帝的崇拜是十分强烈的。殷代人的意识中，上帝住在高高的地方，恰合于《说文解字》对“上”字的说解：“丄，高也。此古文上。指事也。”

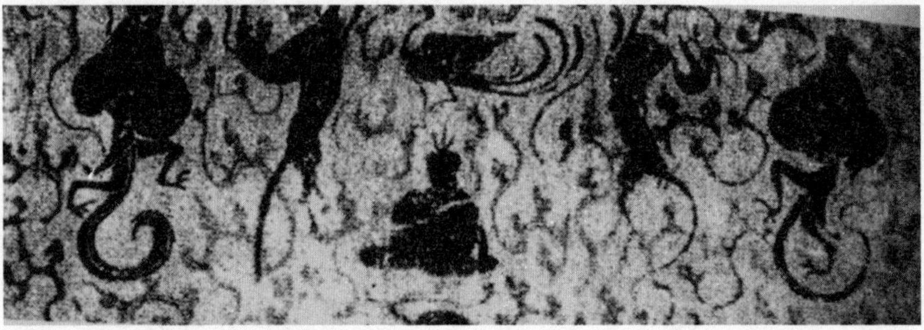

伏羲、女娲、四神环绕天帝
引自《中国文物报》1992 年 9 月 4 日。

至于对上帝的看法，商代人其实是心中无数的。上帝在他们上方的何处？上帝是什么模样的？商代的人们都不甚了了。

商代人重视“帝”而并不特别崇拜帝。恩格斯在《反杜林论》中说：“一切宗教都不过是支配着人们日常生活的外部力量在人们头脑中的反映，人间的力量采取了超人间的力量的形式。在历史的初期，首先是自然力量获得了这样的反映……但是除自然力量外不久社会力量也起了作用……最初仅仅反映自然界的神秘力量的幻想，现在又获得了社会属性，成为历史力量的代表者。在进一步的发展阶段上，许多神的全部自然属性和社会属性都转移到一个万能的神身上，而这个神本身又只是抽象的人的反映，这样就产生了一个神教……”所以，“帝”的偶像的产生，除了生产力落后和认识论水平不高的原因外，还有其阶级原因。商代的统治阶级，不管他们自觉与否，正是利用了“帝”作为欺骗和压迫百姓的工具。

直到西周，人们才开始明确地把人间的帝王称为“天子”，认为“天子”受“天”之命统治天下，甚至“天子”对“上帝”而言被称为“下帝”，“上天”对“天子”而言被称为“上天子”。这里，灵魂世界的统治者和现实世界的统治者之间的关系被表达得十分明确，

此外，“上”字还常常用来表示殷王朝的先祖的名字。最受尊崇的先祖就是“上甲”，因为在卜辞记录中，“上甲”总是被排在先祖名单的首位。上甲往往写成，把“甲”字写到了方框的肚子里，文字学上把这种写法称为“合文”。至于那个“上帝”，甲骨文里也有合文作，实际上是在“帝”即的上方加一短横，而这个自身的一横则既用作“帝”的上面一笔又兼用作“上”的下面一笔。看来，古人写字的节约，连对上帝都是一视同仁的。至于“帝”字是如何造出来的，这又是另一个题目了。

含有合文“上甲”的甲骨片

引自孟世凯《甲骨学辞典》，上海人民出版社，2009年。

"下"比"上"好？

语言文字学并不是一门枯燥的学问，语言文字学家往往也不是一些乏味的人。举一个例子吧：赵元任先生曾在他的著作中谈及文字时，问读者"娤"是一个什么字。其实这是一个赵先生虚拟的字，他说可以解释为"电梯女郎"，因为一个女人一直在上上下下，岂不是电梯女郎？

其实，在生活中，可能是由于"不上不下"的情况比"能上能下"更多，由"上"、"下"二字拼合而成的"卡"字的本来意义，却是"不上不下"。至迟到清代吴任臣的《字汇补》一书中，就有了这个"卡"的记录，云："楚属关隘地方设兵立塘，谓之守卡。"《康熙字典》也收录了这个"卡"字。究其用法，我们的确可以断定，它就是表示"不上不下，不进不出"的意思，所以较早就有了表示可以把过路人卡住的"关卡"。而这个"卡"字在汉字史上出现得较晚，其原因是由于它是把两个指事字会合起来造成，恐怕较早的汉字还不易造出这一会合两个指事字的形体和它们意义的字。

无论是赵先生虚拟的“姀”，还是汉字中晚起的“卡”，总与“上”、“下”二字分不开。我们说过了“上”字，这里要说一说与之相依又与之相对的“下”字。尽管这两个字不好说，直说得笔者“上气不接下气”，一支秃笔屡屡“卡”住，还是得说下去！

我们可以猜测的是：由于“上”和“下”是一对对立的概念，所以，“下”字的产生也几乎会与“上”字同时。因为读者应该记得在谈“上”字中我们说到：部落的人们大概会经常在上山时说“我上山去采吃的”，那么，他们也一定会在下山时说：“我下山去吃采的！”

果不其然，这个“下”字也在甲骨文时代就出现了。我们在《甲骨文编》中可以找到许许多多的“下”字，写作。同“上”篇俞敏先生说解的“‘上’字是一只大饼上面粘着一颗芝麻”相比，应该说，“下”字是把那只大饼翻过身来继续煎煮的形象。与“上”字的变化轨迹一样，金文中的“下”字有写作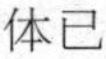的，也有写作的，后一形体已经与今天的“下”几乎一般无二了。但是值得注意的是：《三体石经》之类的古文字写成的经书中，有不少这个“下”字是写作一类的形体，与“上”字篇中贾公彦及吕思勉先生所说的“人在一上为上，人在一下为下”可以互证。此外，时代略早于《三体石经》的《华岳碑》写“下”字作，还有的差不多同时代的“下”字写成，可知时至东汉，这个“下”字已经高度地抽象化——一小点替代了一短横。

其实，我国乃至世界的古文字系统往往是源异而理同的。在水族的水文中，“下”字与“上”字篇中介绍的其“上”字的形体也几乎互相对应，有、、、、、等诸种形体。使我们深思的是：与古汉字

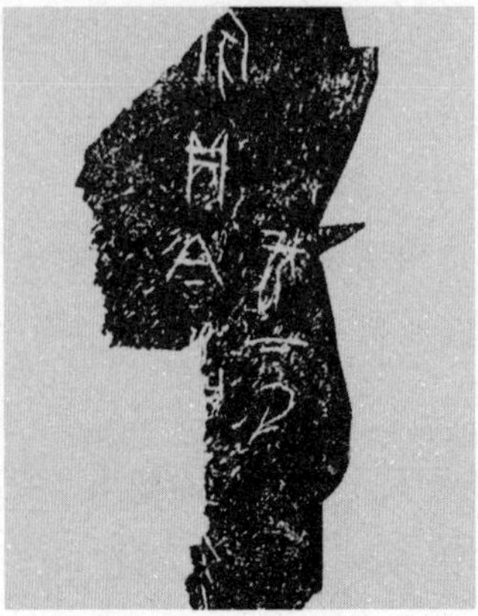

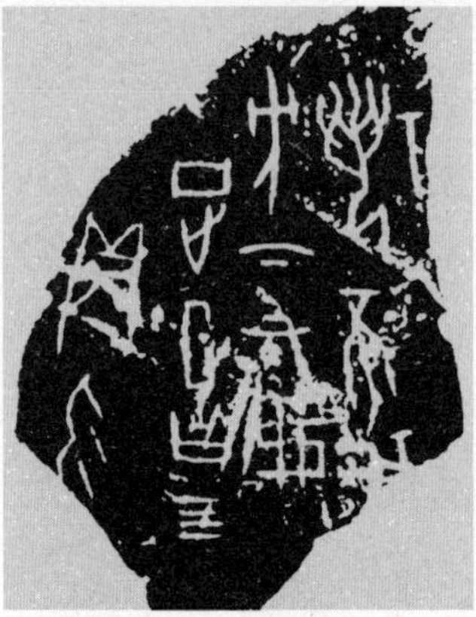

关于“下危”（方国名）的甲骨片　　　　含有“下上弗若”的甲骨片

引自孟世凯《甲骨学辞典》，上海人民出版社，2009 年。

相比，其中有相对应者，有、、这样抽象的一条横线下面加上一个具体物的（尽管我们不十分清楚这些具体物代表的事物），有这样抽象的一条横线之下加上两个似乎是代表抽象物的圆圈，分别与古汉字“下”的几种结构类型相对应。而特别吸引我们眼球的是，和两字，其实是把可能是“山”的象形字的字形倒过来，而不含抽象符号。在汉字里我们还没见过这类的“上”和“下”。可见，各个民族的文字有时在造字原理上又可说是大同中有小异，个中奥妙，颇值进一步深究。

然而，我们把甲骨文的“上”、“下”与水文的“上”、“下”作构字的比较，那么，由于水文中正存有这两个字的“实物构件”，可以判定，水文中保留了更为原始的文字的特征。

而《说文解字》中的“下”作，释为：“底也。指事。”其实，早在甲骨文里，这“下”字已经与“上”字连用，“下上”写作。卜辞中常用“下上若”和“下上不若”或“下上弗若”之句，可能是用来叙述上

方的天神（可能指“帝”）和下方的神（可能指先祖）的态度是“允诺”或“不允诺”。至于为什么在古人意识中一直高贵的“上”却被置于“下”的下方，原因可能有二：一是为了书写的美观，之形恰成一个美丽的圆形，煞是好看。二是是一个“合文”，可以视为一个字，于是就不必考虑尊卑之分了。三是甲骨文的“上”和“下”有时只表示方位而不表示尊卑，“上”是表示天界上的神（往往是自然神）而“下”是表示地上的神（往往是先祖）。

不过在总体上来看，如果我们对甲骨卜辞的内容仔细研究，好像天神还是比地上的神来得崇高。这也难怪，上下之分在中国古代这样的奴隶社会与封建社会中，自然是不易改变的传统，倒是原始社会的人们更加自在。回到此文开首说的故事，当那个原始人说“我下山去吃采的”时，他至少在心情上应该比说“我上山去采吃的”更加愉快吧！这也许是“下”比“上”更加值得尊重的一个例子。而且这个例子作为传统和惯例，传至今天，通行世界，最典型的一个例子是：现代人在下班的时候，他们的心情要比上班时好得多。

【"左"、"右"何者为上】

当讨论诸如蝴蝶效应之类的问题时，我们常常会联想到一个关于左和右的问题。如您早上起床，是左脚先着地还是右脚先着地，这看似不重要，却往往会决定您一天里办事的成功与否。无论蝴蝶效应还是何脚先着地，包含的其实是哲学上偶然性的问题。

不过，千万不要忘记，必然性寓于偶然性之中。有一些乍看起来是纯乎偶然的事情，却包含着必然性在内。比如，世界上只有百分之几的人是左撇子，难道这是偶然的吗？显然不是。这一事实的背后，显然包含着复杂的生理与心理（包括社会的）原因。

有一点是引人注意的：在我们有历史记载的商代，似乎"左"的地位要比"右"来得高一些。甲骨文中，"左"写作，"右"写作。《说文解字》为"𠂇"设立了一个部首，对它的说解为："，左手也。象形。"

由此可见，甲骨文为“左”造的字，其取象自人的左手的形象。当然，我们不会为甲骨时代的人只有3个手指感到惊异，因为文字往往是现实生活的简化罢了。金文中的“左”往往在这个形体的下方加了一个“工”字作，而且《说文解字》还专门为“左”字建立了一个部首：“，手相左助也。从𠂇。”而徐铉又在这一说解下面加了一句话：“今俗别作佐。”可知，这个与今天通用的“左方”的“左”，其早期形体为“𠂇”，这才是“左”方的“左”的初文。马叙伦先生指出“《说文》无‘佐’”，依他的想法，其实“𠂇”与“左”就是一个字。

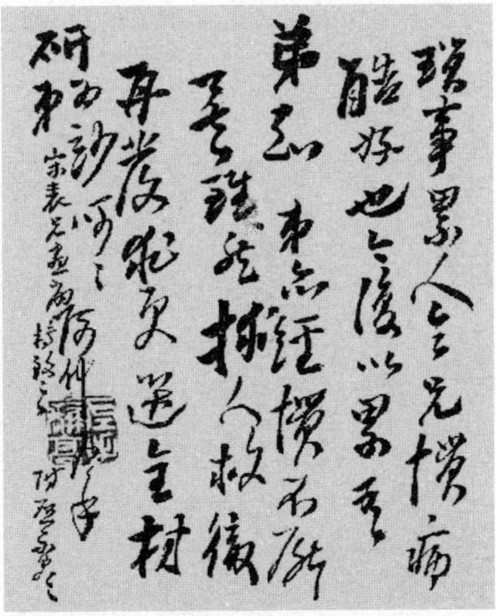

左手写字的高凤翰的书法作品
引自《左手的辉煌——高凤翰其人其书》，《收藏》2000年第12期。

依据上面的分析，我们可以相信，研究“左右”的“左”字，需要从甲骨文的字开始。在甲骨卜辞里，此字已经与“右”和“中”并列，有“左右中，人三百”（《殷虚书契前编》三·三一二）之句。显而易见，这里的是与“右”相对立的一个概念，而且肯定是用作方位名词或方位名词的引申。除此以外，“左”字还在甲骨文中表示“相左”之意，这个意义也一直用到今天。

读到这里，也许懂得少数民族文字的读者会提出一个异议：纳西族东巴文中，“左”字作，似乎那个纳西族同胞伸出的是右手，与甲骨文恰恰相反。其实，这仅仅是造字时取象角度不同罢了。东巴文用以表意的是一个完整的人体，造字取象的视角是文字的读者对正面的人形的观察，上面一个短横表示此人伸出的是左手，是此字造字的理据。与之相应的是：东巴文“右”字作，理由也是一样的，他伸出的是右手。而甲骨文“左”、“右”的造字取象角度，在于写字者观察自己伸出的手形的描摹。在这里，我们只能相信“约定俗成”这句话的合理性了。

在上古汉族先民的意识中，是崇左还是崇右？这又是一个看似不好回答的问题。从以上所举甲骨卜辞“左中右，人三百”中，我们隐隐地猜到，在甲骨时代，“左”在地位上似乎要高于“右”。《老子·三十一章》：“吉事尚左，凶事尚右。”《礼记·檀弓上》：“孔子与门人立，拱而尚右，二三子亦皆尚右。孔子曰：‘二三子之嗜学也，我则有姊之丧故也。’二三子皆尚左。”郑玄注：“丧尚右，右，阴也；吉尚左，左，阳也。”《史记·魏公子列传》中有一段信陵君接待客人的记载：“公子从车骑，虚左，自迎夷门侯生。”因此有“虚左以待”这个成语流行至今。可知从商代到战国时代，古人以左为上的习惯至少是主流的观念。至于到后世，右尊左卑的观念渐渐占了上风，其中原因过于复杂，就不再详述了。而“虚左以待”这个成语则保留至今，无可改变了。但是可以指出的是：“左”字后来加了“人”字旁成为“辅佐”之“佐”，而“右”字后来加了人字旁成为“保佑”的“佑”，在这两个字产生或开始流行的时代，崇左的意识应已开始动摇，“保佑”者的地位总该比“辅佐”者的地位高得多吧？

“左契”即债权人手中的凭据
引自蔡志忠《老子说·智者的低语》，三联书店，2000年。

古人借钱都用竹或木做成的“契券”。所谓“左契”或“左券”，都是指债权人手中的借据，而债务人则持“右契”或“右券”。至今还有用“稳操左券”来表示体育比赛中的必胜一方。由此也透出古人“以左为上”的信息。

至于在地理方位的表示上，古人习惯用“左”来表示东方，这是由于人面向南方时的感觉造成的表达习惯。姜夔词《扬州慢》的开头两句“淮左名都，竹西佳处”中称扬州为“淮左”，正是指地处淮河东面的扬州而言的。

〖从“右”看“左”〗

您是右撇子还是左撇子？

如果您是右撇子，祝贺您了！您的理性思维能力比较强，这是您一生取之不尽的宝贵财富。您知道，从您家的楼梯扶手、写字台抽屉乃至您天天使用的电脑，都是为右撇子的方便而设计。世界上有绝大多数的人是右撇子，这决计不是没有理由的。

如果您是左撇子，祝贺您了！您身上有丰富的艺术与体育细胞，这是您一生用之不竭的珍稀财富。您知道，您几乎生来就拥有一种卓尔不群的独特个性。上帝留了十分有限的左撇子名额给你们，这绝不是他一时的兴之所至的结果。

所以，如“左”字篇中所说，甲骨时代人们就把“左”和“右”分得清清楚楚，恰是因为人们不仅意识到了二者生理意义的不同，而且赋予了它们以不同的社会意义。换言之，当时人们已经注意到，二者是一对相依存又相对立的文化符号。

“左”字篇中我们已经说了“左”字的古文字形体，现在说说“右”字。甲骨文“右”字作，与作“左”字的正好互相对应。与“左”字一样，《说文解字》有“右”字的初文作“又”，也有另一个“右”字。许慎对“又”的说解是：“，手也。象形。”据段玉裁《说文解字注》：“当即今之右字。”从此可知，古人曾经以此字表示过广义的、不限左右的“手”的意义，而且后来用作动作行为多次重复的“又”，只是其本义的假借。

而《说文》中也出现了有“口”的“右”字，紧紧挨在“又”的后面，小篆作，解释为：“手口相助也。从又从口。”“手口相助”是许慎望文生义的说解，而“相助”却至少记录了“右”字的一个用法。

在甲骨文里，的用法已经很多样。

一个最基本的用法是表示方位。例如《甲骨文合集》33006：“王作三师：右、中、左。”这个用法至少从方位引申出来。

还有一个用法是用作动词。如《甲骨文合集》213：“祖乙弗又王。”在这里，“又”写作，其意义却已经成为“保佑”之“佑”。“弗又”即不保佑的意思。甲骨文乃至金文里，都见不到那个“佑”字。

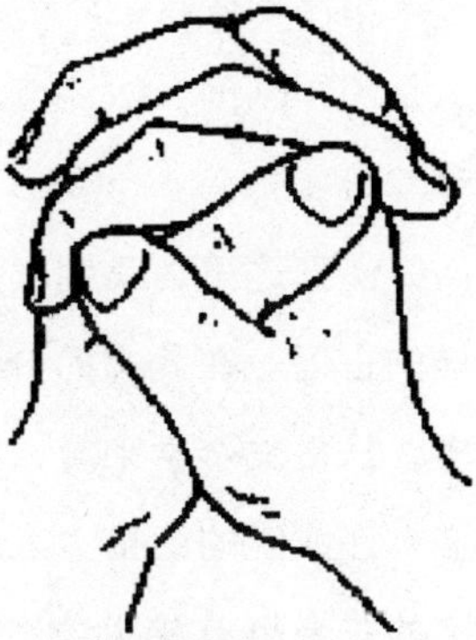

左手与右手

引自寒宇居士《面相、手相宝典》，中州古籍出版社，2003年8月。

甲骨文还可以把“又”字当作动词“有”来用：“……今五月，我又事。”（《甲骨文合集》21635）这里的“又”是“有”的意思。甲骨文里没见过这个“有”，但金文中已经出现了许许多多的“有”字作，这加在“又”下的，仔细看是一块“肉”。《说文解字》认为：“有，不宜有也。”《春秋》传曰：“日月有食之。从月又声。”说法是够糊涂、够不可信的。有的专家认为：“有”就是“从手持肉”。尽管此说也未得到文字圈的统一承认，但是还有一定可能性。因为那些金文中的“有”的确绝大部分形体歪斜如一块肉而不是月亮的形体。再说，在生活条件不好的周代，周人饮食，有肉一块也算是一件相当惬意的事了。

还有，用作祭名的，可以视为“佑”或“祐”，这两个字的偏旁，都是后来加上去的，作用是与“又”字区别。

而后来之所以在记录“保佑”或“祐祭”时及“有没有”的“有”时加上偏旁，原因在于在殷代早期，“又”已经有了几类更为常见的用法：一是用作连接数字的连词，如“……羌十又五”（《甲骨文合集》22551）。二是用作副词，如“贞：其牢又一牛。其牢又二牛。”（《甲骨文合集》36321）

说到这里，我们发现，与“左”字一样，“右”字的古代用法也是那样的古远。在此文的开首，我们曾经把“左”、“右”分得很清楚。其实，从古文字学来看，我们猜测，在殷代或比殷代更早的时期，的确此字有许慎说的泛指“人的手”（即不论左右）的用法，“手”与“又”二字的古音也有相近之处。但是，也许是甲骨卜辞的文体不出现广义的手，也许是“又”用作“广义的手”的时代已经过去，在甲骨文中，这个“又”已被用在另外的一些场合了。

其实，我们可以举出一个例子，来证实“又”在汉字史上表示过“广义的手”。“朋友”之“友”，在甲骨文中早就出现，作，也有少数作的。无论两只左手还是两只右手，再好的朋友也不能牵手啊！而在小篆

中，这个“友”字作 ，可以说一手在上、一手在下，不仅拉不起手，而且一上一下，并不合“友”字的真实意义。可见，“友”字中的手实在是“广泛意义”上的手。不过殷代文字已经很发达，我们今天已经见不到这一古远用法的实例了。

〖追索“中”字的蹊径〗

在古文字的世界里，那个“中”字无疑会引起读者极大的关注。原因很简单，咱们是中国人！

请看下面一段小文章：

> 二十世纪中叶的上海，中国大戏院中，在一阵中等强度的喝彩声中，伴随着中速的进行曲音乐声，一个中等身材的魔术师走到舞台中央，开始他中等水平的中国古彩戏法表演。他艺名李中中……

其实，虽然这里的12个“中”字意义十分明确，但彼此并不完全相同。在现代化的今天的汉字中，“中”字的意义是十分丰富的。

这“中”字是否在非常古远的时代有如此丰富的意义和用法呢？这就颇费思量了。

如果排开语言文字学上的问题，在认识论的角度来看，“中”这个概念既是相当重要又是相当微妙的。有时候，我们觉得这个“中”甚至处于相当尴尬的地位。

为什么说它重要？因为作为哲学或逻辑学的概念，这个“中”的特殊性在于其对立面特别多。不上不下意味着“中”，不左不右意味着“中”，不前不后意味着“中”，不早不晚也意味着“中”。

为什么说它尴尬？因为在现实生活中，往往前面所说的那些概念不够使用时，才请来了这个“中”。比如某市有一条南北走向的马路，如果它很短，就称它某某路。如果它比较长，城市规划局往往把它分为某某北路和某某南路。只有当它非常之长时，才请出了“中”字，把这条路的中间

20 世纪 90 年代的贵阳市中华中路
引自谢红生《贵阳的正街——中华中路》，《贵阳文史》2011 年第 1 期。

一段冠以“某某中路”的名称。有时候我们使用这个“中”时场合也有点“尴尬”。比如某人有一个小孩，学习成绩比较差，而当他带着那个孩子去参加一次饭局，别人问起“孩子读书挺好吧”的时候，某人只好尴尬地说：“中等，中等！”

由于这个字有点“尴尬”，所以我们猜想：从逻辑史角度看，它比一些“上”、“下”之类的字要晚出；从语言史角度看，它也比“上”、“下”之类的词要晚出。而当我们说到文字学时，它也会晚出一点。我们今天已找不到比甲骨文更早的汉古文字系统资料，而有点出于我们意外的是：在甲骨卜辞中，不仅有“中”字，而且还是有好几种不同的用法。至今我们看得到的出土甲骨资料，还是可以帮助我们清理出其字义的发展蹊径。

对于“中”字的本来意义，真可谓众说纷纭，但是多数专家认为此字是为了记录某一较为具体的意义而产生。

甲骨文中已经有了“中”字。一类作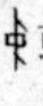或的，也有一类作或的。字形上以前面二形为多。从所表意义来看，对前一类字形的说解尽管众说纷纭，但是值得注意的是往往把它解释成为一件具体物。较多专家认为是立于那个方框中间的旗帜的象形，而紧接着字形中间一竖的飘带形就是旗杆上的飘带即古代被称为“斿”的东西。《金璋所藏甲骨卜辞》六七七：“立中。”即是“立旗”之意。

此外，还有方位方面的意义，例如《甲骨文合集》33006：“王作三师：右、中、左。”这个用法还是基于表示方位的意义的，应该是由表示“旗帜”的“中”引申出来的。还有一个“中室”，是对宫室名的记录，应该也是表示方位的。但是我们还没有发现一个与“上”与“下”对立的“中”字。

由方位上的意义又引申为时间上的意义，如“中日其雨”（《殷契粹编》七一九)，大概是指一天的中午前后下雨吧!

由“旗帜”的意义借为专名的甲骨文例也很多见，有时是人名，如卜辞有名“中”的贞人(即负责占卜的官员)。

此外，还有与别的字连用或合写记录先祖名的，如“中己”。用到这个例子，说明“中”的用法越发抽象了。其实，这个“中”即“仲”，表示他在兄弟中排行第二。后来小篆里出现了，加上一个“人”旁，把“老二”的意义与“中间”的意义彻底区别开来了。

还可以注意到，在甲骨文中，表示人名或先祖名“中某”多半的“中”字形中往往不含有旗帜的飘带。郭沫若先生认为此字象征“中的(靶心)之的”，亦是一种有可能的想法，惜未见他的详细论述。我们猜测，这一字形也可能是伴随着文字意义抽象化的结果。

到金文时代，“中”字的字形没有多大的变化，有作者，也有作者，我们发现，那个字中的方块变得圆起来、胖起来了。究其原因，显然是金文的“书写”方法不同于甲骨文的原因。

《说文解字》中对“中”字的说解是：“内也。从口丨。上下通。”这个说法并不合乎我们所理解的“中”字的来源。而实际上，到许慎的《说文解字》里，“中”字保留了几乎甲金文中所有的字形：小篆作，古文作，而籀文作。遗憾的是许慎没有见过甲骨卜辞，不知道“中”字早期的语言环境，因此我们不能责怪他老人家不懂文字学。

而通过我们的一番探索，我们终于弄清了这

含“中”字的甲骨片
引自孟世凯《甲骨学辞典》，上海人民出版社，2009年。

样一个事实：在甲骨文时代，我们祖先已经对“中”这个字的意义了解很多而且很深。在《说文》中许慎认为“中”的意义是“内”的说法，虽然合乎事实，但他对于其造字意义的解释，还是交代得很不清楚。到周代，“中”字表示“内”的用法肯定是产生了。

此外，我们对“中”字用法的追究，似乎也告诉我们这一事实：既然在时达三百年的甲骨时代已经有了多种“中”字的用法，有具体的，也不乏抽象的，那么，我们可以相信，作为一种相当成熟文字体系的甲骨文，绝不是我国最早的成系统的古文字。

限于才力，关于“中”字，只能为您提供这么一篇中等水平的文章。

五行是什么

【古代的“金”是什么？】

中国古代的“五行”即“金、木、水、火、土”，是古人心目中的世界的五类最基本物质，而它们之间的变化规律又象征着世间万事万物的运行情况。由于“五行”其实是五类材料的代称，往往又被称为“五材”。

“五行”中的“金”字，在“五行”中既占一席之地，那么至少它具有许多典型而独特的个性。看来，古人把“金”列入五行，应该有其必然的原因。

当然，在“五行”即“金、木、水、火、土”中，“金”是唯一的金属类的物质。在战火纷飞的商代，作为制作武器的原料，“金”的重要性自不待言。当然，这个“金”只是指“金属”罢了。至今出土的青铜器，倒也不是用纯铜而是用铜的合金制成的。

可见，“金”类物质在古人心目中的崇高地位，就在于它在古代中国的重要实用意义。

西周象尊

引自杜廼松《中国青铜器收藏鉴赏全集》，上海古籍出版社，2009年。

“金”字《说文解字》作，还收了其异体字作。许慎他老人家也许已经意识到了“金”字的重要意义，惜字如金的他在《说文解字》里却给了“金”字一段长长的说解：“金，五色金也。黄为之长。久埋不生衣，百炼不轻，从革不违。西方之行。生于土，从土；左右注：象金在土中形；今声。凡金之属皆从金。”

显然，在许慎所处的东汉时代，这“金”字已经主要用来记录真正的金子了。

可是，较早的“金”字，含义还要宽广一些，它是“金属”这一类物质的泛指。

金文的“金”字有作的，也有作的，晚期金文还有写作的，但是类似前一字的为多见。有的专家认为“金”的金文形体在于藏于泥沙中的贵重矿物。那几个黑点，就在于表示用于“淘金”的颗粒形状的泥沙或具他物质。依此说法，金文时代的古人已经开始了在河床上“淘金”。

胡厚宣先生曾经在山东省博物馆发现过一个“金”字在左、“馬”字在右的甲骨文字，可以理解为“铜色的马”。此字可以说是甲骨文中第一个被发现的“金”旁字。夏渌先生又指出：甲骨文中已经有了“金”字。从近年出土的许多甲骨文字来看，这些字上方是一个倒过来的“口”形，下方是一个“火”字，实际上是一幅“以火熔吕以成铜器”的图像。在金文中，上下连写，才变为。因此，我们相信，甲骨文字中已有“金”字，只不过这些“金”字只是对铜或铜合金的泛指。

因此，我们相信：甲骨文里已经有“金”，而这“金”指的不一定是黄金的意思，而是广义上的金属。

我国比《说文解字》更早的一部辞书《尔雅》说：“黄金谓之璗，其美者谓之镠，白金谓之银，其美者谓之镣。”显然，在《尔雅》的作者的理解中，“金”是金属的泛指，而其中至少包括金与银。《尚书·禹贡》云：“厥贡惟金三品。”《传》把这“三品”上释为“金、银、铜也”。《前汉书·食货志》也说：“金有三等，黄金为上，白金为中，赤金为下。”其实这“白金”就是银而这“赤金”就是铜。甚至颜师古认为“金者五色，黄金、白银、赤铜、青铅、黑铁”。时至今日，我们还把销售金属制品的店家称为“五金店”。

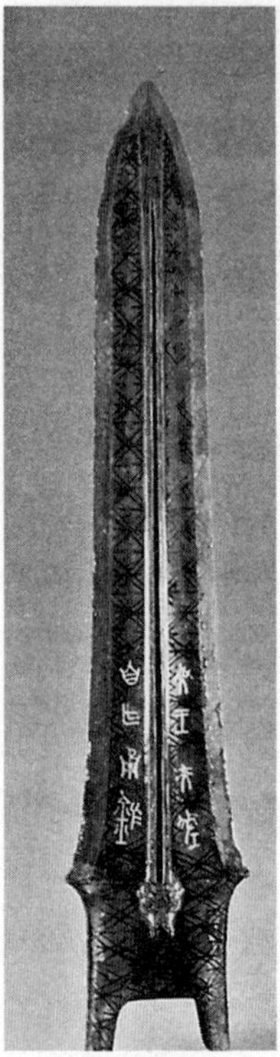

春秋后期吴王夫差矛

引自杜廼松《中国青铜器收藏鉴赏全集》，上海古籍出版社，2009年。

因此，汉语中从古至今，比较明显的事实是：“金”字在较长时期中，兼任着几个职务：有时表一般的金属，有时则表纯粹的黄金。在以上的书证中，已经可以证明：到汉代早期，“金”用来指黄金，已经是常见的用法了。不过有专家猜测，上文所说的那个早期金文中的粘着泥土的，恐怕还是铜之类的一般金属吧！有意思的是，这两滴泥土，居然保存到了今天的楷书字“金”中。

但是也许您想不到，在战国时代，我国的炼金术与金的加工技术已经相当发达。1964年，在陕西省临潼秦代栎阳宫遗址里发现了8块战国时代的金饼，含金达99%以上，距今也已有两千年的历史了。

从上面的叙述中，我们已经了解到：金是一种十分贵重的物质。其实，金的社会与人文的价值，也主要渊源于此。

在五行中，固体的物质共有三类。“木”之常见，自不必说。“土”更是一种随处可见的物质，而且“金”也就是从土中提炼出来的，哪怕这“金”是指一般的金属。也许正是由于如此，“五行”学说中“土生金”的说法，恰是二者关系的描写。而“金”又比“木”坚固而稳定，所以“五行”学说又有“金克木”之说。而“金”作为一种相对珍贵难得又坚固稳定的物质，自然会引起人们在意识上的珍视。

睡虎地秦墓出土武士戏兽纹铜镜

引自刘刚、李冬君《文化的江山·重谈中国史》，山西人民出版社，2009年。

其实，五行与时间、空间乃至颜色也有着一定的对应关系。在季节上看，“金”对应于秋季。依据专家们的理解，是因为金的特征是坚固恒稳，易于收藏。而秋季恰恰是一个丰收而且开始收藏的季节。从方位上看，“金”对应于西方，或是由于西方的肃杀气候，恰与金属类物质的坚硬锋利有相似之处。从颜色上看，“金”对应于白色，西方的冰雪天气，给人的感觉是一片白茫茫……

时代的物质水准的前进必然引起观念的不断变化。到汉代，对帝王和贵族来说，黄金已经成为唾手可得之物，他们已经开始把真正的黄金互相赠送或赐予他们的宠臣和宠姬。于是，“金”终于成为略微“大众化”一点的东西，以“金”作为特指黄金的场合也就渐渐多了起来。

欣欣向荣的“木”

“木”是一个在甲骨文中就存在的字，也是书写形式自古至今变化不大的一个字。

《说文解字》对于“木”字的说解是：“木，冒也。冒地而生。东方之行，从屮，下象其根。”这里用“冒地而生”来为“木”字作解，其实只是一种汉代学者喜欢使用的“声训”罢了。所谓“声训”，即用另一个同音或音近的字来解说某一个字的意义。“冒”字与“木”字声母相同，因此，许慎的这一说解，并不能揭示“木”字的意义所在。如果要发现“木”字的字义，请去甲骨文中找寻答案。

甲骨文“木”字作，显然，是一棵树的象形。金文“木”字作，也是树木的象形。尽管此字在甲骨文中的用法或为方国，或为人名，或为祭祀方式，但是这些用法，已经是“木”的引申或假借意义，其字形是它

有“树木”本义的有力证明。只是由于甲骨卜辞的特殊体制，用来记录“木”字本义的用法已经不见了。

如果您还不能确信这个“木”字的本义是“树”，那么，我们去看看几个由“木”字衍生的古文字。这个“木”，如果您在它的下半部加上一些符号，就成了“本”字。金文“本”字作，在“木”字的下部加上三点，就用来表示“树根”之义。《说文解字》对“本”字的说解是：“木下曰本。从木。一在其下。”此外，许慎还举了一个“本”的异体字，其形体是在“木”字之下加上几个三角形。

树根的艺术
引自李崇正《大道如青天——李崇正树根造型艺术》，江西科学技术出版社，2008 年 5 月。

同样可以作为“木”字本义为“树木”的另一个佐证是：与“本”字的造成相映成趣的是“末”字。金文“末”字作，即在“木”的上部加一个短横一表示“树梢”之义。《说文》中对“末”字也作了与“本”字相映成趣的说解：“木上曰末。从木。一在其上。”

关于我们对“木”字本义的判断，在我国汉民族之外的少数民族文字中，也可以找到一个有意义的例子。我国纳西族的东巴文中，有一个字表示“树”的意思。与古代汉字相比，上面也是三根树枝，而下面只比汉古文字少了一个树根。

顺便说说，即便在甲骨文“木”的中部加一个短横，还是可以造成一个意义上与“树”相关的字。甲骨文有“朱”字作，金文有“朱”字作或，无非是在“木”形的中部即躯干部加上一个标志。许慎认为：“朱，赤心木，松柏属。从木，一在其中。”尽管对于许慎的观点即“朱”是不是“赤心木”，专家们意见并不一致，但是，我们可以确信的是：“木”字中部即“树干”的意思，确是无疑的事情。我们以为更加可能的是：“朱”开始仅仅是表示“株”的意义的字，引申为“大红色”义的“朱”，也许是后来的事情。

所以，以我们的看法，这个“木”字的意义，有一个变化的过程。最早，“木”字代表的是“树木”的意义。由“树木”义，引申到“木材”和“木制品”的意义。此外，还有一些意义，可以说是“木”的比喻义，比如自古有之的“木讷”乃至近年才形成的新词“呆木”。除此之外，我们还发现，“木”字还有它丰富的象征意义。

同“金”一样，“木”也是五行之一。在古人看来，也许“木”是五行中最最有生命活力与成长能力的一类物质。因为“木”在广义上可以理解为植物，而在五行代表的各种物质形态中，只有植物是最易生长的。其实，许慎说“木”是“冒地而生”，并不是在语言文字学角度上的论断。我们可以看到，在五行之说萌芽和发展之时，多少学者为“木”的生命力讴歌。扬雄说：“五行，木之为言触也。阳气动跃，触地而出也。”（《白虎通》）董仲舒说：“木者，春生之性。农之本也。”（《春秋繁露》）此外，《管子·权修》也有“一树十获者，木也”的说法。庄子也为大树的生命力感动：“庄子行于山中，见大木，枝叶盛茂。”（《庄子·山木》）正是由于“木”与“植物”的无限生命力，所以，五行学家们给了这类物质以崇高的地位。由时间看，“木”与春季相配；由空间看，它与东方相配；在品德角度上，“木”则是“仁”的象征。

据研究，世界上树木年龄最长者当数我国的银杏树。山东莒县定林寺中的银杏树，年龄已达 3 700 年以上。贵州福泉市的银杏树，经专家考证，树龄竟达 4 500 年，堪称世界上最老的树。有一些植物园里珍藏的树，往往已有千年以上的树龄。

英语里有个可能是来自印第安语的单词 canue，意思是独木舟。独木舟是世界上最早的船，是用一棵树的树干挖空制成的。许多近代世界上的原始民族还使用独木舟。《易经·系辞》中有“刳木为舟”的记载，就是说独木舟是挖木而成的。1958 年，江苏武进出土 3 条独木舟，据考证是春秋战国时的独木舟，长 11 米，宽 0.9 米，深 0.4 米，现存中国历史博物馆。

银杏树
引自王定翔、剧秀林《鹰城古树大观》，河南大学出版社，2008 年。

2010 年，一艘独木舟在余杭临平茅山遗址被发现，这是良渚文化首次发现独木舟，也是国内考古发掘出土中最长、最完整的史前独木舟，距今约 5 000 年。独木舟局部稍有残缺，但基本保存完整，头尖尾方，全长 7.35 米、最宽 0.45 米、深约 0.23 米，船沿厚约 0.02 米，由整段巨木凿成。《易·系辞》中记载“（伏羲氏）刳木为舟，剡木为楫，舟楫之利，以济不通，致远以利天下”，恰是独木舟的早期制法与用途的说明。

仅就独木舟的古远历史和用途而言，“木”字在“五行”中的一席位置，已是无可非议的了。

【充满矛盾个性的 “水”】

“水”，是“五行”中仅有的一种液态物质。古代有人把“水”列为“五行”之首，自有它的道理。

古希腊第一个叫得出名字的哲学家泰勒斯认为水是万物之源。他的这一观点自然是过于绝对了，难以使人信服。但是在确认水作为人的生活与延续生命的必不可少的元素方面，泰勒斯的意见确实也有其合理的一面。曾经在古希腊哲学中占据着重要地位的包含“水”、“气”、“火”、“土”的“四元素说”，也把“水”放在第一位。《尚书·洪范》说“五行一曰水”，恰与古希腊的哲人暗合。

当然，我们更加关心的是：古文字里的“水”字何时造成，这“水”字又是如何造成的。

尽管水形无常，“水”的字形倒是相当稳定。甲骨文中早有了“水”

字。有作的，有作的。金文的“水”字作，也与甲骨文大同小异。甚至到小篆中，这个“水”字也保持着的形态。在这自商代到秦代的一千余年里，似乎这个“水”字的字形没有什么改变。专家们都相信：“水”字的造字，取象于“水流”与“河水”。“水”字的中间那一笔，就是河流的中间，水流最大的地方。旁边的几笔，也许仅仅是用水花来强调这个“水”的形象罢了。

诺日朗瀑布
引自 Vincent《九寨沟的“玉带”诺日朗瀑布》，《影像视觉》2009 年第 3 期。

由甲骨卜辞的辞例来看，“水”字多半指江河中的流水，如“大水”。除了这种名词用法外，据专家考定，“水”字还有动词的用法，或释“洗涤”，或释“发生水灾”。可见，《说文解字》中的“水，准也。北方之行。象众水并流”对于“水”字的解释，是比较合理的。其实这解释表示：“水”字的造字取象是水流的状态，但“水”这个词又有“平准”的意义。《释名》：“水，准也。准，平也。天下莫平于水。”其实这话就是对《说文》“水”字说解的补充。

想到这里，我们依稀觉得，“水”字是一个充满着种种矛盾的字。它的最明显的一个矛盾，在于其字形的单一性与其象征意义的多样性。从甲骨文到秦篆，“水”的字形几乎没有任何变化。但是，其文化意义却有多种多样，正合于它多变的个性。

在遥远的上古时代，水就是先民们生活的必需品。除了供给饮用维持生命之外，“水”字在甲骨文中用作“洗涤”意义即可证此。“辛亥卜，出贞，今日王其水寝。”（《殷契佚存》九二一）这里的“水寝”即洗涤寝庙的意思。在《尚书·尧典》中又有“汤汤洪水方割，荡荡怀山襄陵，浩浩滔天”的记载，这一记载应该反映了比甲骨时代更早的夏代人们对洪水的敬畏思想。因此，从上古开始，人们对水的观念就是矛盾重重。《荀子》所记“水则载舟，水则覆舟”的话，其实也恰巧辩证地反映了上古先民对于“水”的既敬又畏的矛盾心理。

时代的发展使人们对“水”的观念变得多样化，对其特征的理解与思考也愈来愈丰富，不仅限于敬和畏二端。比如，当人们注意到“水”的柔和方面时，写出了“关关雎鸠，在河之洲，窈窕淑女，君子好逑”这样水边的情歌。其实秦观的“柔情似水，佳期如梦”之类的句子，更直白地道出了水的柔和性质的象征意义。《老子·七十八章》：“天下莫柔弱于水。而攻坚强者，莫之能胜。”这句话更加道出了“水”能够以弱胜强的辩证法原理。

《论语·雍也》：“子曰：知者乐水，仁者乐山；知者动，仁者静；知者乐，仁者寿。”在此，“知”即“智”的古字。这段话看似随口而出，却道出了“水”所象征的性情或能力是“智”即智慧。而其原因其实就是因为“水”的充满动态与富于变化的特征。当我们再看到《老子》中“上善若水，水善利万物而不争，处众人之所恶，故几于道”，我们就会联想到，古人以“水”对应“智”的观念，主要也是出于上述“水”的柔和与善变的特征。

其实，许慎对“水”字的说解“水，准也”，主要出于《庄子·天道》：“水静则明烛须眉。平中准，大匠取法焉。”可见，至迟到战国时代，我国的哲学家已经既认识了“水”性格中动态的一面，又进而关注其性格中平静的一面。而“水”的“平”，堪为大匠们用作衡量直线和平面的准绳。从曹操的“水何澹澹，山岛竦峙”（《观沧海》）到刘禹锡的“杨柳青青江水平”（《竹枝词》），无不是歌颂“水”的“平”和“静”的特征。今天所言“水平”，亦当是从此而来。

关于《老子》的漫画
引自蔡志忠编绘《老子说·智者的低语》，生活·读书·新知 三联书店，2000 年。

在另一方面，由于“水”流的湍急，古人又生出了“流年似水”的感慨。“水”在这一意义上，象征着时间的悠长而又短暂的矛盾心理。《论语·子罕》：“子在川上曰，逝者如斯夫。不舍昼夜。”在孔子的话中，明显地可以悟出他既感叹历史的悠长，又觉得人生的短促。在这里，我们可以同时看到古人感叹时间的悠长而又短暂的矛盾心理。与孔子几乎同时代的古希腊大哲学家赫拉克利特曾经说过一句名言：“人不能两次走进同一条河流”，与孔子的“逝者如斯夫”，说的应该是同一个意思——一切皆流，我们存在而又不存在，万事万物存在而又不存在。

至于说到五行中与“水”相生相克的关系，我们知道：五行中唯一有生命活力的是“木”，植物需要由水滋润才能成长，所以“水生木”。而唯一能够灭“火”的自然是“水”，所以“水克火”。当然，关于“五行”的理论，古远而复杂，不是这篇小文可以细说的。

〖“火”，人类共同的崇拜物〗

“火”字虽然意义明确、字形简单，但是其古文字形体却在很长的一段时间里使文字学家们感到困惑。问题仅仅在于，甲骨文里不易把“火”字与“山”字区别开来。甲骨文中有一类的形体，又像“火”，又像“山”，到底是什么字无从鉴定。从文字原理来看，甲骨文是一种比较完善的文字系统，既然有“水”字，没有“山”字应该不大可能。但是，既然有“山”字，没有“火”字也是更不可能的事吧！

况且，“火”对人类进化的作用实在是太大了。甲骨文的发明与形成，只是离今天不远于四千年的事，而人类对火的使用，却是距今不会短于几十万年前的事件。五十万年前的北京人，就已经开始了火的使用。显然，火的使用是人类历史上极其重大的事件——这一发明终于把人彻底地从动物中分离出来。可見，到甲骨文时代，绝不可能人类还没有为自己造一个

“火”字来！

经过古文字学家们的研究，至今，甲骨文中“火”与“山”的区别问题已经基本解决。二者大致可以这样区分：下面一笔平平的是“山”字，如、之类；而、之类下面的笔画圆圆的或尖尖的，往往是“火”字。依照这一标准，尽管也还有混淆不清的情况，但已经不多见。另外，如之类，在“山”的主要部件上还加上了两个短竖，显然更可确定它是“火”字了。而发展到后来，“火”字在形体上抽象成为、一类，离后来小篆的已经相差无几了。

战国山字形青铜器

引自杜廼松《中国青铜器收藏鉴赏全集》，上海古籍出版社，2009年。

在纳西族的东巴文里，有“火”字也有“山”字，“山”作而“火”作，倒是不易混淆的。我们可以注意两种文字的共同点，即东巴文“火”字与甲骨文“火”字都是“三把火”！

大汶口陶器符号

引自刘守安《全彩中国书法艺术史》，宁夏人民出版社，2003年。

从“火”字的甲骨文字形来看，也从“火”的伟大意义与古远历史而言，古人所造此字的依据，最早就是用来记录“火焰”之“火”的。后来，还被用来记录天文学意义上的星宿“火”。如甲骨卜辞：“己巳卜，争贞：火，今一月其雨。”（《殷虚文字乙编》

二七六三）

《说文解字》中小篆作火，对“火”的解释是：“燬也。南方之行，炎而上。象形。”这个“燬”什么意义我们更是似懂非懂。但是，《说文解字》又说：“燬，火也。”原来，“燬”大致也就是“火”的意思。而对“火”字说解的“象形”二字，正好说明了“火”的造字意义即是燃烧着的火。而“火”作为五行之一，在四方中与南方相配，在颜色之中则与红色相配，而“火”对应的季节是炎热的夏季，“火”的运动（即燃烧）的方向则是向上。这些角度上所显示的诸类事物与“火”的对应关系，看来是十分自然而素朴的，也是同《说文解字》所说的“南方之行，炎而上”的意思一致的。

如果说到人们对“火”的重视，那么，也许古希腊哲学家赫拉克利特的思想是最极端的，因为他认为“火”是万物的本原。他的这一学说的出发点是：“这个永恒的宇宙与万物都是同一的。它既不是神也不是人所创造的。它过去、现在和将来都是一团永恒的活火，按一定尺度燃烧、一定尺度熄灭。”尽管这一论断的理由没有全部展示出来，我们还是可以领略到，他关于“火”的学说的基本之点有二：一是认为“火”是生成万物的起始者，二是认为“火”的重要性还在于整个世界与“火”具有运动上的相似性。由于赫拉克利特留下的相关论述言焉不详，我们不妨从古中国哲学家的文献中去探寻他观点的依据。

其实，时代比赫拉克利特稍迟一些的中国哲学家韩非子就记载了“火”的发明与使用。《韩非子·五蠹》篇中说：“上古之世，人民少而禽兽众，人民不胜禽兽虫蛇……民食果瓜蚌蛤，腥臊恶臭，而伤害腹胃，民多疾病。有圣人作，钻燧取火，以化腥臊，而民悦之，使王天下，号之曰燧人氏。”地居河南的燧人氏还处于母系时代，就发明了钻木取火，成为中国历史上的“三皇”之首。这一记载恰恰与古希腊人火崇拜的原因一致——有了火的发现、获取与使用，人们才得到抵御寒冷与禽兽的能力及发展思维机能的机会。而那些神话传说中为人类取得火的人，也就自然地成了古中国部落的领袖。

依据我国的神话传说，火神还不止燧人氏一个，如《管子·轻重篇》中说“炎帝作钻燧生火”。

据研究，传说中炎帝的故乡也有许多不同的地方，如陕西宝鸡、山东曲阜、湖北随州等等。

面对这些纷繁复杂的神话传说，可以得出的推测是：这恰恰证明了在古代中国的许多地方，几乎同一时期出现了火的发明。而这些火的发明者，也成为部落乃至部落群体的领袖。

人们有着崇火的悠久习俗。在宝鸡的古代氏族遗址中，就发现了不少生火和保存火种的灶坑和陶罐。宝鸡地区至今尚存大量火神庙和太阳神庙。

可见，从火对于人类进化的意义来看，赫拉克利特认为世界就是“火”的论断，也有其合理的一面。

〖“土” 真的很土吗？〗

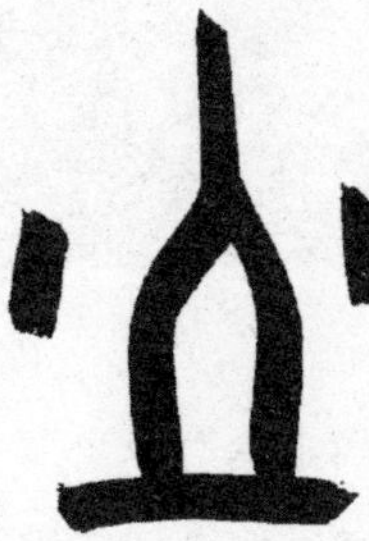

在完成《金》、《木》、《水》、《火》四篇后，我刚刚打开电脑，准备开始写一个“土”字，以结束“五行”的这组文章。像往常一样，我给自己泡上了一杯安吉的白茶。一边端详着热腾腾的茶，一边浮想联翩。我忽发奇想地试图寻觅着这杯茶与五行的关系。

这杯茶与五行有什么关系呢？那杯子是用不锈钢制成，正合一个“金”字。泡茶的茶叶采自茶树，恰合于“木”。杯中的无疑是“水”。而这是杯热水，恰恰依赖了“火”而煮成。那么它与这“土”字又有何相干？啊，对了！这茶树不是有了“土”才得以生长吗？想到这里，对我们老祖宗的智慧不禁油然而生——这“五行”的设置，真实反映了与人的生活最最密切相关的几类事物。

说到“土”字，遗憾的是，在今天的现代化的中国，“土”字在词汇中

一杯白茶
作者摄于 2012 年 6 月 28 日

往往并不经常表示褒义了。“这个人有点土”、“他是个土包子”之类的话，好像说明它并不是一个重要的字，何德何能被列入“五行”之中？殊不知，在三千余年之前的殷代，甚至更早，这个“土”字已经在汉字中相当通用而且成为人们崇拜和祈祷的对象了。而且，时至今日，“土”还是我们生活中的重要事物。

甲骨文的“土”字写作、、之类的形体，有的专家认为它是男性生殖器崇拜的象征，其实理由并不充分。多数专家的共识是它就是一个记录“泥土”、“土堆”或“土地”的象形字。至于甲骨文中有的“土”字作、，更使我们相信专家们的认识，那“土”形主体边上的几个点，只是用来强调这是地地道道的泥土罢了。试看金文中的“土”字，往往已经填实作之类，尽管与甲骨文形体略微有异，但是这下方的一横是永远不变的。纳西东巴文有“土地”一字作，又有作形者，值得注意的是下部同样是一横。与甲骨文一样，这下部的一横，是对“地”的强调。更值得注意的是，东巴文的“土地”同样有两种形制，一种是纯有

一个大土块的，另一种是加上小点以强调这是“泥土”的。可见，那甲骨文“土”字，造出来就是为了记录“土堆”、“泥土”的意义的。

《说文解字》对“土”的说解是：“地之吐生万物者也。二象地之下，地之中。丨，物出形也。”这显然是依据秦篆作出的牵强说解。其实，秦篆的“土”字仅仅是金文“土”字的发展。在金文中，开头是把甲骨文的形填实，形成之类的形体。金文之后又经历了⇒⇒⇒的演变历程。到形，也就离秦篆的形不远了。可见，《说文解字》对于“土”的说解，已经不是其造字本义所在。

其实，在甲骨文中，我们已经不易找出“土”字用其造字本义构成句子的卜辞。有一个例子：“丘土”(《殷虚文字乙编》二零三九)，可能这里的“土”字还多少与“土”的本义有关。

还有一个例子：“己巳王卜贞（今）岁商受(年)。王卟，曰吉。东土受年。南土受年，吉。西土受年，吉。北土受年，吉。”(《甲骨文合集》36975)这个辞例中的“土”字，是“土地”、“国土”的意思，“东土”、“南土”、“西土”、“北土”与“东方”、“南方”、“西方”、“北方”的意思相同或相近，应直接引申自“土”字的本义。

甲骨文中还有一个常见的“土”字的用法是“土方”，“土方”是殷王朝以北的一个方国，经常骚扰殷

甲骨文“四土”片
引自孟世凯《甲骨学辞典》，上海人民出版社，2009年。

的边境。

此外，在甲骨时代，“土”往往用作祭祀的对象，有专家认为是“土神”或“社神”。我们相信：“土”是社的本字，后来加上“示”旁，就成了“社”。对于“土神”与“社神”之间的关系，虽然还有待继续探讨，但是殷人已经把“土”作为崇拜物进行祭祀，可见在古人心中“土”的地位之高。很可能的是：从古人的信仰来看，所谓“社神”，简而言之，也就是“土神”罢了。

土林（由土堆积而成的柱状地形）
引自范琪卡《云南土林》，云南民族出版社，2004年9月。

《礼记·郊特牲》：“地载万物，天垂象，取材于地，取法于天，是以尊天而亲地也。故教民美报焉。”而这里的“地”，也就是“土地”的意思。既然古人把天地并列，可知他们对于土地的敬畏之心。在这里，可以看到至迟在战国后期，人们对于“土”的崇拜的原因作了进一步的解释：世间的万事万物，都是由土承载着的。于此我们可以相信：尽管许慎对于“土”字造字理据的说解是错误的，但是他关于“土”是“吐生万物”者的说法，无疑体现了汉代之前人们“土”崇拜的观念与原因之所在。

而《尚书·洪范》中有“土爰稼穑”之句，就是说“土”有种植与收获的作用，更进一步道出了古人“土”崇拜的原因。植物播种称“稼”而收获为“穑”。因此，在中国社会发展到农业社会的时候，人们对“土”的敬畏和崇拜之心，就更是有增无减了。因为唯有“土”是人们最重要的赖以生存的事物。

关于“土”崇拜，还有《重耳之亡》的故事。晋公子出亡时经过卫国，卫文公不接待他。到了卫国一个叫五鹿的地方，晋公子向乡下人乞食，乡下人给了他一些土块。晋公子愤怒地要鞭打他们。随从他的狐偃说：“这是上天的恩赐。”于是重耳恍然大悟，赶紧对乡下人叩了头，把泥土放到车上。说：“这是上天赐我的呀！”重耳之所以珍视土块，其实是他领会了狐偃的意思：这土块象征着因内乱离国的他有收回失去国土的兆头。对统治者来说，“土”更是他们所珍惜的东西。

云南永仁县恩就村彝族用于祭土主的小土主庙

赵国庆《信仰的灵光》，四川文艺出版社，2003 年。

从五行中“土”的对应方位来看，正是居于“中”。而与之相配的颜色，是“帝王之色”——黄。所以，我们的推想，那乡下人也许真懂五行，虽然他看起来是那么的——土。

诡异十二兽

〖从“鼠”的“人品”说起〗

我们的老祖宗曾创制了这样一套符号而且传承至今——一共十二件，但是中国每个人都有一件，这就是生肖——可爱又神秘的“十二兽”。

有点令人不解的是，在十二生肖中，不怎么讨人喜欢的老鼠，竟赫然名列第一。

鼠是人类无意间饲养的“宠物”，可惜却很难受到人们的欢迎和喜爱。因为它们通常是不请自来，偷吃人们的食物不说，还恶意咬坏人类的家具，乃至给人类带来鼠疫这种严重的流行性疾病。所以，称它们为忘恩负义的家伙，一点也不为过。

在甲骨文中就有“鼠”字，可见，它们至少骚扰了人们三四千年的时间，直至今日。

甲骨文中的“鼠”写作“”，或写作改变身体方向的“”，上半部

分取象于鼠牙和鼠嘴，下半部分描绘鼠腹鼠爪和细长的鼠尾，像一只老鼠正在张着嘴巴咬东西。其字形中的三点“”可能是为了突出鼠锐利的牙齿才着重将它标识出来。但也有学者提出，这几个点可能表示食物“米”，因为鼠好窃米。这三个点到底是米还是鼠牙——甚至是它的唾沫星子，我们暂时还不能作出有把握的论断，但可以确定的是，甲骨文中的“鼠”一开始是一个象形字。多数专家认为，甲骨卜辞中有“鼠”字却没有其本义的用法。甲骨文的字，从商朝到秦朝一千多年的演变、发展过程中变化不小。金文不见鼠，可能是由于金文内容上的特点所造成的。在《睡虎地秦简》中，鼠字已写成“”、“”之形，而秦朝小篆中的“”已趋线条化和符号化。隶书的“”字是在小篆的基础上演变来的，鼠头变成方形，鼠脚和鼠尾还有点象形的意味，但鼠的形象已不明显了。楷书的“鼠”字继承了隶书鼠字的特点，这也就是我们今天所用的“鼠”字了。

在十二生肖中，貌不惊人、形体渺小的鼠，凭什么能排在第一位呢？这是一个令我们百思不解的谜。

其实，如果从《说文》对“鼠”的说解去理解古代意义上的鼠，问题会清楚得多。《说文》中释“鼠”为“穴虫之总名也”，段玉裁注中说“其类不同而皆谓之鼠”，可见鼠的种类是很多的。而生肖中的鼠，至少不仅是指今天意义上的家鼠。1999 年版的《辞海》对鼠的概括为“哺乳纲，啮齿目部分动物的通称”。鼠的种类繁多，《说文》中鼠部字有 20 个，基本上都是鼠类动物的名称，如“鼢”是地行鼠，“鼯”是鼯令鼠，“鼮”是竹鼠，“鼫”是五技鼠，“鼨”是豹文鼠，“鼩”是胡地风鼠等等。

我们现在说的“老鼠”虽然是鼠的通称，但往往指家鼠。《太平广记》卷四四二引南朝宋的刘义庆《幽明录·董仲舒》：“卿非狐狸，即是老鼠。”又如唐代《答卢仝结交诗》：“将吾剑兮切淤泥，使良骥兮捕老鼠。”这里的“老鼠”，似乎与今天意义上的老鼠，是有所区别的。宋代释如净《偈颂三十八首》中也有“四月十五日结夏，老鼠入饭瓮”之句。此诗中的“老鼠”，倒是已经与今天的家鼠没大差别了。

其实，老鼠除了指家鼠外，还用来指大量的野鼠。它们适应多样的生存环境，草原、农田、森林、高山等都有它们的地盘。所以，有它们在的地方，农作物就会遭受严重的啃食，造成粮食的大量减产，通常会给生产力并不发达的古代社会带来饥荒。《诗经·魏风·硕鼠》中“硕鼠硕鼠，无食我苗”就是这一现象的真实写照。在古代，鼠害给劳苦人们带来的痛苦就如同沉重的苛捐杂税一样，所以后来鼠与荒年、加收征粮、贪官污吏就自然而然地联系起来了。

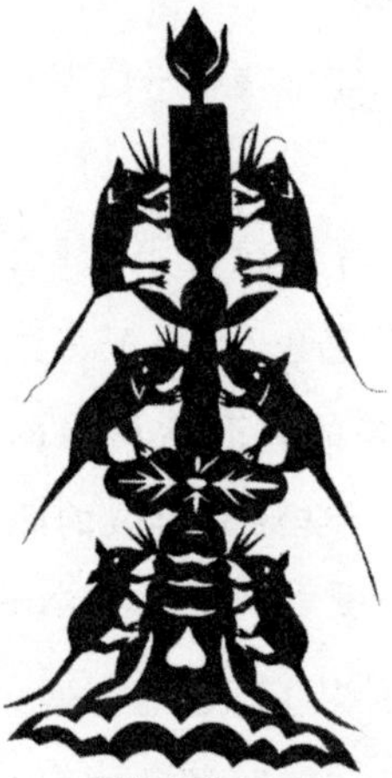

老鼠上蜡台

引自作者佚名《中国民间美术欣赏·剪纸·十二生肖·子鼠》，河北教育出版社，鲁仲民主编，2003年。

唐代诗人曹邺的《官仓鼠》：“官仓老鼠大如斗，见人开仓亦不走。健儿无粮百姓饥，谁遣朝朝入君口。”此诗有如《诗经·魏风·硕鼠》的续篇，写的还是官仓里的祸害——老鼠。在司马迁《史记·李斯列传》中有这样一则记载：“李斯者，楚上蔡人也。年少时，为郡小吏，见吏舍厕中鼠食不洁，近人犬，数惊恐之。斯入仓，观仓中鼠，食积粟，居大庑之下，不见人犬之忧。于是李斯乃叹曰：‘人之贤不肖譬如鼠矣，在所自处耳。’”这首《官仓鼠》很可能是从这里受到了一些启发。老鼠历来是以“小”和“怯”著称的。它们昼伏夜动，见人就跑，所以有所谓“兽之大者莫勇于虎，兽之小者莫怯于鼠”的说法。然而官仓鼠却非同一般：

它们不仅“大”——“大如斗”；而且“勇”——“见人开仓亦不走”。官仓鼠何以能至于此呢？是因为无人去整治它们，所以见人而不遁逃。官仓里的老鼠被养得又肥又大，前方守卫边疆的将士和后方终年辛劳的百姓却仍然在挨饿！所以这首诗从字面上看，似乎只是揭露官仓管理不善，细细体味，却句句是对贪官污吏的挞伐。

在现实生活中，人们对鼠已经产生了反感乃至痛恶的心理，但是另一方面，鼠在中国各民族的文化中，尤其在汉民族的生肖文化中高居十二生肖之首位，因此又受到人们的尊崇。这不能不说是一个关于老鼠的悖论。其实，也许在仔细地考察之后，我们至少能找到我们的祖先乃至当代人对老鼠的好感一面。

据记载，在中国的少数民族中，西康的傈僳族鼠胞族以鼠为图腾，并衍生了松鼠、粗毛鼠、钻土鼠、贼精灵鼠等十二鼠氏族。据《山海经》，昆仑山上有一种老鼠比牛还大，重达一千斤，鼠毛长两尺，比蚕丝还细，在烈火中浑身透红，离火则变得雪白。可见在《山海经》中，鼠是昆仑山上的神物。《搜神记》载：“百岁鼠色白，善凭人而卜，名曰仲能，能知一年中的吉凶。”白鼠在此又充当了预言家的身份。《太平御览》卷九一一引《春秋运斗枢》说：“玉衡星散而为鼠。”玉衡是北斗星之一，象征财宝。正如民间中“白鼠所居之处，必有白银”之说。所以，某些类别的鼠，在某些时候又是聪明机智、善于测算与富贵祥和的象征。

可见，古代的鼠、广义上的鼠、某些少数民族的鼠，决不仅是现代意义上的家鼠，它列入十二生肖之首并不足为怪。

关于这个问题有一个民间故事，说本来牛是要排在生肖之首的，但鼠却偷偷地躲在牛背上，当即将宣布牛为首名时，老鼠迅速跳到牛的前面得到了第一名。当然，这样的小骗局是骗不了足智多谋的读者的。

引自韦君琳《十二生肖图案集》，合肥工业大学出版社，2009 年。

唐代十二生肖铜镜

引自娄校堂《生活的智慧：万事溯源奇趣》，青岛出版社，2008 年。

此外，还有另一个说法。清代刘献廷《广阳杂记》印李长卿《松下馆赘言》以昼夜十二时辰说生肖："子何以属鼠也？曰：天开于子，不耗则其气不开。鼠，耗虫也。于是夜尚未央，正鼠得令之候，故子属鼠。"相传在天地未分之际，混沌一团，日月无光，而夜尚未央——子时（是指子夜 11 点到第二天的 1 点）正是老鼠夜间活动最为活跃的时间段，所以此时是鼠将混沌咬破，使得天地分，乾坤定，日升月落，而后才有人诞生。所以"子"就与"鼠"相配了，而且鼠有创世之功，被安排在生肖之首也是合情合理了。

也许好奇的读者会提出这样的问题：有一个成语"首鼠两端"，是不是与"老鼠"有关。宋代学者陆佃《埤雅·释虫》的解释是："鼠性疑，出穴多不果，故持两端者，谓之首鼠。"其实我们更愿意相信《史记》中的典故，《史记·魏其武安侯列传》："武安已罢朝，出止车门，召韩御史大夫载，怒曰：'与长儒共一老秃翁，何为首鼠两端？'"显然，这里的"首鼠两端"的意思是犹豫不决的意思，

“首鼠”其实是“踌躇”的同音替代罢了。由于陆佃是王安石的学生，在对文字强为作解方面，继承了乃师的风格。他的说法不可轻信。况且《史记》典故的记载远远早于宋代。而且“首鼠”又可作“首施”，可知“首鼠”本来是同音替代的一个连绵词。在这个成语中，这个“鼠”字仅仅用了其读音去表示另外的与“鼠”的意义无关的词语。

回到老鼠的“人品”这个话题，我们只好说：作为动物的鼠实在让人喜欢不起来，但作为生肖之首的鼠又令人不禁产生敬畏之心。小小的老鼠竟能让我们人类产生如此复杂的纠结心理，也算是它的本领所在了。

【“牛”有多“牛”】

如果说鼠领衔十二生肖总有点勉强，那么牛名列第二位，却是实至名归的。至少，这是因为牛是我们人类的忠实朋友，对人类具有特殊的贡献。从大量的出土文物中可以知道，我国在未有文字以前就已开始养牛，并产生了有关牛的神话故事。汉字产生以后，又为牛文化的记载和传播创造了良好条件。无论从语言学视角还是从文字学视角来看，“牛”是出现相当早的词与字。

甲骨文中就有“牛”字，作两尖角上翘形。它所描绘的是一个正面的牛头形状，两旁向上竖起的是两只弯曲的牛角，两角下的向上斜出的两画是牛的耳朵，中间的一竖是牛面的线条化。在造字过程中，先民抓住了牛这种动物最突出的特点（牛角），用简明的线条加以表达出来，这充分地体现了先民的形象思维能力。因为牛是往上攻击（牛角往上顶），所以直到今天，我们还用它称代股票多头市场（所谓“牛市”），代表利多和股价往上走，受到所有股民的喜欢和青睐。

甲骨文已经不是最早的汉字，所以，我们相信，这个字已经不是汉古文字最古老的形体。如果仔细考察，可以在与甲骨文同时代的商代金文中发现一个纯粹以一个牛头的象形来表示“牛”的写法。不管是哪一种写法，咱们都可以认为古汉字中的“牛”字是一个象形字，不过它们之间有写法较繁与较简的区别而已。

“牛”（niú）的字音，很明显是模拟其叫声确定的，即通常所说的“拟声词”。牛的读音，可查阅古代的韵书。《唐韵》：“语求切。”因此，其古音也与我们今天的“牛”读音几乎一样。

《说文解字》对“牛”的字义解释是：“牛，大牲也。”由牛之“大”着眼，由此衍生出一系列的字，如“牺”、“牲”、“牝”、“牡”、“物”等。其中这个“物”字很有意思，或可看出“牛”与我们“人”的特殊关系。《说文》云：“物，万物也。牛为大物，天地之数，起于牵牛。故从牛，勿声。”所谓“天地之数”，就是天地之事。据此我们可以作这样推测：民以食为天，再大的事，大不过填饱肚子；要填饱肚子，就得耕种；要耕种靠的就是牛这种庞然大物。“物”是所有事物的总称，而牵牛耕田，正是天地间所有事物的根本，所以“物”从“牛”字旁也就不足为奇了。

牛在农耕文化中起到了重大作用，推动了人类文明的发展。早在原始时代，人类的动物信仰和图腾信仰中就包括了牛。中国古代典籍《山海经》中有人面牛身的神灵形象；印度的《吠陀》及信仰中将牛视为神圣的兽类；我国苗族、布依族等许多民族都实行过牛崇拜；现居住在湖南溆浦五溪一带的少数民族大多为古代蚩尤的后裔，他们至今仍然保留着崇拜牛的习俗。

养牛在我国具有悠久的历史。考古实践证明，在旧石器时代早期，我国已有牛存在，在新石器时代晚期，中华民族的祖先已开始饲养家牛。远古时期，牛由人类的崇拜对象、捕猎对象变为驯服的家畜，最初主要是为了食肉和祭祀。《礼记》中就有“中央土，食稷与牛”和“祭天子以牺牛”的记载。我们熟悉的《孟子·齐桓晋文之事》中，孟子特意选择齐宣王“以羊易牛”不废衅钟的事例，说明在他身上也有实施王道的基础——“不忍”之心。所谓“衅钟”，就是古人为了行祭而宰杀牛羊等牲口以血涂钟。

古代纳西族人对牛十分崇敬，因为他们把牛作为神圣之物用于各种重大祭祀活动。纳西族《东巴经·创世纪》中记述，有一头在大海中巨卵孵出的神牛，它的角顶破天，蹄踏破地，造成天摇地动，后由纳西族人始祖开天七兄弟和开地七姐妹将它杀死，用牛头祭天，牛皮祭地，肉祭泥土，骨祭石头，血祭江河……于是，天空日月变得晴朗明亮，大地万物开始生长。从此，牛就作为神圣之物用来祭祀。

西汉骑士储贝器
（云南晋宁石寨山出土）

引自杜廼松《中国青铜器收藏鉴赏全集》，上海古籍出版社，2009年。

在纳西族的东巴文中，也透露出“牛崇拜”的信息。东巴文字“牛”作，而用于祭祀的“牲”作，分明是宰牛祭祀的形象。可见在纳西族中，牛也是用以祭祀之物。更有意思的是，东巴文“财产”一词也是用牛的形象来表示，“财产”的异体字是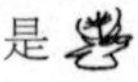，用“牛”与“麦”来表示，可见古代纳

西族人心目中牛的地位比麦还要重。

或许与古人把牛作为神圣的祭品有关，古代中原诸侯订立盟约时，经常要割牛耳歃血，由主盟国的代表拿着盛牛耳朵的盘子，故称主盟国为“执牛耳”。“执牛耳”原本是一种仪式，后来泛指在某方面居于领导或权威地位之人，也用当作“第一”的代称。

在古代，牛还用于战争，具有杀敌的功能。战国时齐国名将田单曾被燕军困在即墨城中，田单为了突围，征集千头水牛，在牛角上绑上尖刀，又点燃扎在牛尾上的芦苇，让发狂的“火牛”直冲敌阵，一举大败燕军。与此相应，“斗牛”作为一种展示竞技魅力的体育活动，曾经长期流行于世界各地。我国汉朝就有杂耍斗牛的表演，至今在西班牙每年还举办盛大的斗牛节活动，吸引着无数游客的观赏。不过，在中国古代，牛的主要用途之一还是用作交通工具。《尚书》中“肇牵牛车”和《易经》上的“服牛乘马”所言即可证明。据说，商汤灭夏时，由于使用大量的牛运送物资，才在长距离的战争行动中取得了胜利。

当然，牛对人类的最大贡献体现在农耕方面。由于我国封建社会历史漫长，历代王朝都重农抑商，牛便与农业生产结下了不解之缘。加上农民养牛不需要什么精细饲料，而牛又特别吃苦耐劳，各种农活样样能干，所以历来贫苦农民都把牛当作命根子，对牛有着深厚的感情。唐朝诗人颜仁郁《农家》诗写道：“夜半呼儿趁晓耕，羸牛无力渐艰行。时人不识农家苦，将谓田中谷自生。”将牛的劳作与农家辛苦连在一起。南宋李纲《病牛》诗感叹：“耕犁千亩实千箱，力尽筋疲谁复伤？但得众生皆得饱，不辞羸病卧残阳。”既同情牛的不幸境遇，又赞美了牛的高尚品质。

古代人们种田靠牛，拉车靠牛，甚至连人的名字、姓氏、属相也与牛有着不可分离的关系。牛姓始祖为宋微子启，是商朝开国帝王汤的后裔。

周朝建立以后，封商朝皇族微启于宋地（今河南商丘），建立宋国。

牛在十二生肖中位居次席，与十二地支相配属“丑”。在初期象形汉字中“丑”亦指牛，同为取象于牛，故一天十二时辰中的“丑时”——凌晨一点至三点又称“牛时”，而牛胆囊——牛黄在民间别名又叫“丑宝”。我国古代天文学有二十八星宿之说，古人依照天上二十八星宿来对应人间十二时辰，十二时辰用十二地支为标记号，而十二地支又有十二生肖配属，这就产生了十二生肖同二十八星宿的关联。在十二时辰中，每个时辰有两或三个星宿值班，每一个星宿都以一种动物命名。其中牛宿为北方七宿之一，接近十二时辰中的丑宫，即天上的牛宿是同地上丑宫方位相吻合的。当然，这也仅仅是一种解释，显然证据还不够充分。

生肖牛

引自韦君琳《十二生肖图案集》，合肥工业大学出版社，2009年。

由于牛与人的生活如此密切相关，于是有关牛的神话、风俗、典故等广为流传，可谓蔚为大观。古代神话有“王亥服牛”的故事，说的是王亥不仅帮助其父冥在治水中立下大功，还发明了牛车，开始驯牛，为人驱使。正因如此，王亥被后人看作是商族的“高祖”。传说道教的创始人老子，当年骑着青牛过函谷关，被尹喜发现，行弟子礼，拜其为师。后来老子离开函谷关入秦，遍游秦国各地的名山大川，最后隐居讲学，传播道家思想，写下了著名的《道德经》。有谁能想到，道家的这部传世经典，竟然还与老子所骑的这头青牛有关呢！

中国民间曾长期流传“鞭春牛”的风俗，除了体现人们对牛的敬仰，还与农业生产有关。鞭春牛又叫鞭土牛，其起源很早。《周礼·月令》曰："出土牛以送寒气"。宋代高承《事物纪原》解释："周公始制立春土牛，盖出土牛以示农耕早晚。"《后汉书·礼仪志》载："立春日，……京师百官皆衣青衣，郡国县道官下至斗食令吏皆服青帻，立青幡，施土牛，耕人于门外以示兆民。"随后老百姓哄抢碎牛的土块，说是"土牛之肉宜蚕，兼辟瘟疫。"由此形成了一个热闹的节日。唐代诗人元稹《生春》诗云"鞭牛县门外，争土盖春蚕"，正是这一盛况的写照。宋朝景佑元年，朝廷特颁行《土牛经》，到了清朝乾隆年间则把立春鞭牛正式列为国家庆典。从这一风俗的演变可以看出，牛对人的重要性是不言而喻的。

我国古代的寓言故事、成语和文人创作的诗歌中也有许多是与牛相关的。《庄子·养生主》记载"庖丁解牛"的故事。庖丁是一位善于宰牛的高级厨师，懂得其中的客观规律，成语"目无全牛"、"官行神止"等皆由此而来。其他还有常用的成语"九牛一毛"、"气冲牛斗"、"汗牛充栋"、"牛刀小试"、"泥牛入海"、"宁为鸡口，无为牛后"等，不一而足。在汉

牛角兽鐶（公元前5世纪后半期）
引自林巳乃夫著，常耀华等译《神与兽的纹样学——中国古代诸神》，生活·读书·新知三联书店，2009年。

语成语中也有以牛为嘲讽对象的，如“对牛弹琴”，是讽刺人讲话不看对象，或比喻对不懂道理的人白费口舌。其实，此说谬矣！二十世纪六十年代就有人发现，在奶牛场播放优美舒缓的音乐，会使牛奶产量大增。由此可见牛还挺有音乐细胞，“对牛弹琴”的词意似乎也应重新认识。至于民间广为流传的“牛郎和织女”的神话故事，则是由牵牛、织女的星名衍化而来的，《诗经·小雅·大东》中即有“睆彼牵牛，不以服箱”的诗句，意为牵牛星虽然明亮，却不能用来驾车。东汉《古诗十九首》中有一首专门歌咏牛郎织女的诗：“迢迢牵牛星，皎皎河汉女。纤纤擢素手，札札弄机杼。终日不成章，泣涕零如雨。河汉清且浅，相去复几许？盈盈一水间，脉脉不得语。”诗写得情意缠绵，哀怨动人，充分表达了诗人对女主人公与情人长期被阻隔的同情之心。此后，历代文人以牛为题材创作的诗词歌赋不胜枚举，如唐宋几乎所有著名的诗人都有脍炙人口的咏牛诗传世，一直给人以艺术美的启迪和享受。

【“虎”——土生土长的兽王】

不怕见笑，告诉您我小时候的一件傻事。记得我的幼年时代，进入幼儿园是需要参加入学考试的。我在考试中居然分不清老虎和狮子。当老师向我先后展示老虎与狮子的图片时，我都说是“老虎”。回到家里，妈妈才告诉我老虎与狮子的区别在于老虎额头上有一个“王”字，表示它是“百兽之王”。

自古以来，虎在人们的心目中的崇高地位几乎是无可动摇的。它有着凶猛强壮、威风凛凛的形象，虽属于体形最大的猫科动物，但并不像猫那样温顺粘人。在生活中，我们通常听到“谈虎色变”、“老虎屁股摸不得”之类的话，足见人们对虎真是畏惧三分，这也不枉它“百兽之王”的称号了。可能这样说，同属猫科动物的狮子心里会有点不平衡。顺便说说，我这一代人小时候玩的“斗兽棋”，狮子是可以吃掉老虎的。可是中国的狮子最早来自古波斯（今伊朗），据《洛阳伽蓝记》卷三记载：“狮子者，波斯国王所献也。”可见狮子进入我国时，老虎已经成为中国土生土长的“兽王”了。而在甲骨文与金文中，都见不到“狮”字及曾经用来表示狮子的“师”字。即便《说文解字》中也还没有“狮”。可见“狮子”在中国纯是舶来品。

群虎图

引自陈兆复《中国岩画发现史》，上海人民出版社，1991年。

“虎”却早在甲骨文时期就经常出现于卜辞中。《甲骨文编》中共收了、、、、、、、、、等四十多个字形，后来在《续甲骨文编》中又补了、、、、、、等四十多个形体。所以，“虎”字在甲骨文中的出现频率相当之高。虽然字形各异，姿态多变，但都生动逼真地刻画了虎的形态。其中应该算是对虎描绘得比较具体的一个字形了。此字图画性很强，描绘出了让人忌惮的虎头、张开的虎嘴、锋利的虎牙、壮而长的身体，又通体为斑纹，还有硕大的虎尾，甚至还能看出形似虎足的蹄。“虎”常见于卜辞。并且，“虎”在卜辞中不仅用作本义，还用作其他意思。其卜辞中的用法基本可以归纳如下：一是用作本义即兽名。如卜辞“壬午卜宾贞隻（获）虎”。（《殷虚书契续编》四·七二）“虎”是商代田猎的对象，所以卜辞中关于“隻虎”(即获虎)、“毕隻虎”(即擒获虎)、“逐虎”的记载有不少。二是用作方国名。如卜辞“贞令望乘罘二□途虎方十一月”（《殷契拾掇》一九）。有学者提出“虎方”属于南国，当在江淮流域，疑即“徐方”。三是用作人名。如卜辞“比𠂤侯虎伐□方”。（《殷虚书契前编》四·四四·六）这里的“比”是协同之义，“𠂤”是方国名，“侯”是方国之首领。此外，有学者还认为虎在卜辞还用为神祇名。如卜辞“丁丑卜王勿帝虎。”（《殷虚文字乙编》四〇〇）

《金文编》中“虎”有□、□、□、□、□、□等三十多个字形，尽管字形差异不小，但相比较甲骨文中的虎来说，明显地线条化和符号化了。如虎在《师虎毁》中作□，在《虎彝》中作□，在《彔伯毁》中作□，在《师酉毁》中作□，这些字形像虎的侈口形，下则像虎的腹背足尾形。虽较之原形已省变，但是相去犹不甚远。“虎”的小篆字形基本沿袭了金文中的“虎”，写作□，“虍”在金文中写作□、□之形，有学者认为是虎头，也有学者认为是虎纹。

虎纹饰牌（战国前期）（内蒙古出土）
引自杜廼松《中国青铜器收藏鉴赏全集》，上海古籍出版社，2009年。

《说文》释“虎”：“山兽之君。从虍，虎足象人足。象形。凡虎之属皆从虎。□，古文虎。□，亦古文虎。”许慎说“虎足象人足”这一点让人很难理解，段玉裁注中指出“则象人足之云不可通”，后来有不少学者也认为许氏是据讹变之形为说，故“虎足象人足”

的说法可能是指《说文》中“虎”字的古文写法。

从“虎”字在甲金文时代的广泛用法及其多姿多态的古文字形体，即可见“虎”在中国古代人们心目中的崇高地位。

虎是不可侵犯的动物，也是正义、勇猛、威严的象征。作为百兽之王的虎一直受到中国古代各民族的崇拜，而对虎的崇拜应源自对虎的图腾崇拜。虎的图腾崇拜在我国古族中常见。如商周时有一个以虎命名的方国——“虎方”。刘敦愿先生考证说：“（虎方）当是以虎图腾崇拜为民族文化特点。”虎的形象在古代羌戎人中有过出现。近现代的少数民族，至少在我国西南的傈僳族、怒族、彝族、土家族、白族与布依族中均有虎图腾崇拜。而汉族的在出土与传世的玉器类文物上，亦多有虎头形出现。

此外，西方七宿的白虎星象，也表明了虎在古代图腾之神中具有的重要位置。《国语·晋语》卷八载：“虢公梦在庙，有神——人面、白毛、虎爪、执钺立于西阿。”这位虎身人面的刑杀之神，就是西方之神“蓐莜”的形象。《山海经·大荒西经》载：“有神，人面虎身，有文有尾，皆白。”这是古籍中对白虎星象的具体描绘。白虎神是中国古代道教的守护神，也是四方神之一。《礼记·曲礼上》有“前朱雀，后玄武，左青龙，右白虎”的说法。据说白虎是五百年才能变白的虎，是神物，而且仙人往往也乘虎升天，是镇西之兽。自汉代以后虎一直成为劳动人民喜爱的保护神，而没有成为帝王的象征，经过漫长的历史演化与发展，崇虎的文化意识，已成为中华民族的共同的文化观念。

另在考古研究中也可以找到一些证据。1987 年末，在河南濮西水坡 45 号大墓的墓主，其右侧有一个由蚌壳推塑而成的雄虎图案，身长 1.9 米，该虎四肢交递，虎尾下垂，虎口张开，利牙外露，呈猛虎起步欲斗之状。据考证，这是距今 6500 年前的地下文物，说明了虎图腾崇拜由来已久。

我们的先人很早就跟虎打上了交道，关于虎的词语在先秦文献中比比皆是。例子举不胜举：《易·乾》：“云从龙，风从虎。”《诗经·鲁颂·泮水》：“矫矫虎臣。”《礼记·檀弓下》：“苛政猛于虎。”《论语·述而》：“暴虎冯河，死而无悔者，吾不与也。”《孟子·尽心下》：“武王之伐殷也，革车三百两，虎贲三千人。”等等等等，不胜枚举。

可能正是因为千百年来人们长期与虎的接触，对虎的习性特征全面深刻的理解，再加上一直以来对虎的崇拜，虎才成为了十二生肖之一，排名第三，与十二地支中的寅相配。“虎”为什么会与“寅”相配呢？主要有以下两种说法：一、金文“寅”作或之形，与金文“虎”字形相近，故虎与寅相配；二、也有学者从阴阳五行说出发来说明虎与寅相配。

然而值得注意的是：四川省现在划归藏族的尔苏人，有他们的历书，称为《母虎历书》。尔苏人崇虎，认为雌老虎是推动地球的动力，因此，在他们的历书中，虎是排在第一位的。其实，这一现象反映的决不仅是尔苏人的崇虎心理，它是上古中国人中普遍存在的观点——虎是群兽之王。虎的外在形象威猛有力，动作迅猛敏捷，充满生命力。所以当我们看到一个外形较大的婴儿呱呱坠地时，总爱高兴地说“这孩子长得虎头虎脑”的。在我国某些地方的方言中，“虎”这个字还用来形容一个人做事迅速、鲁莽。以《水浒传》中的“黑旋风”李逵为例，如果他做什么事时方法比较直接鲁莽的话，我们就会

生肖虎
引自韦君琳《十二生肖图案集》，第 27 页，合肥工业大学出版社，2009 年。

情不自禁地说：这个人很“虎”。与虎相关的成语、谚语、歇后语有很多，如“龙行虎步”，指行走的姿态像龙那样威武，像老虎那样矫健，多形容人的举止行动威仪庄重。又如“势成骑虎”形容情势像骑在老虎背上一样，很难下来，比喻已在进行中的事情迫于情势，欲罢不能。“初生之犊不畏虎”比喻阅世不深的青年人敢说敢干，无所畏惧。“不入虎穴，焉得虎子”是说不进老虎窝，怎能捉到小老虎，比喻不亲历险境就不能获得成功。歇后语如“老虎进村——没人敢理”，“老虎跳舞——张牙舞爪”，“老虎当和尚——人面兽心”等等。这些词语的意思无论是贬义还是褒义，都体现了长久以来人们对老虎的喜爱、敬畏和崇拜之情。

【温顺而又疯狂的“兔”】

兔子是讨人喜欢的动物。兔的外貌可爱，头有点像发胖的鼠，有两只竖起来的长耳朵，尾巴短短的向上翘，前两肢略短于后两肢，上唇中间分裂。别看它样子傻傻的，胆子小小的，但是它的听力敏锐，动作也相当敏捷，善于跳跃，称得上是赛跑高手。

甲骨文中的“兔”写作，也有、、、、、、、、、、、等异体。虽然各种字形有异但所象实同，都是以长耳短尾为特征或以豁唇短尾为特征用简单的线条描绘兔之形。在卜辞中，甲骨文“兔”有用作本义，有时候也用来表示其他的意思。一、用作本义。如卜辞曰：“子卜翌年辛丑王逐兔。”（《殷虚书契前编》六·四九·六）这里的“兔”是兽名。二、用作其他意义。如卜辞曰：“甲申卜夬贞兔其有祸。”（《殷虚书契前编》六·四八·七）此处的“兔”是指

方国名。卜辞“贞乎兔往于”（《甲骨文合集》二四四）中的“兔”可能是人名。卜辞“甲戌卜贞王宾形亡尤”（《殷墟文字甲编》四七九）中的“”字，有的学者认为它是一个合文（即两个字并起来写成一个字形的字），读为“兔甲”，可能是古时的先王名，即阳甲，有时也写作、、。此外，在甲骨文中还有一些与兔有关的字形，如像是兔子关在笼子里，像是兔子压在“一”下，这个字形上半部分像是兔子之形，下半部分是个“丙”。这些字形具体是什么意思，还值得继续研究和考证。但至少可以说明的是，“兔”字在甲骨文里，已经是一个在构字上相当活跃的字了。

喜兔

引自柴京海、柴京津《中国剪纸艺术》，人民美术出版社，1996 年。

“兔”的小篆字形写作，《说文解字·卷十·兔部》：“兔，兽名。象踞，后其尾形。”段玉裁注：“其字象兔之蹲。后露其尾之形也。”也就是说，许慎认为“兔”这个字形是根据兔子蹲坐时露出它的尾巴之态而造的。但是根据我们上面展示的“兔”的甲骨文字形，都是兔子站立之形，所以许慎对小篆“兔”的字形分析与我们对甲骨文“兔”的分析是有区别的。谁的说法更加可靠呢？我想聪明的读者心里已有了自己的判别了吧？

《说文》里的“兔”是部首字之一，但辖字不多，只有五个，其中常用字只有两个，即“逸”和“冤”。所以，今天我们的字典中没有“兔”这个部首，将“逸”归入“辶”部，将“冤”归入“冖”部。

其实，“逸”与“冤”两字在造字之初都是与“兔”相关的。《说文》：“逸，失也。从辵兔。兔谩訑善逃也。”“谩訑”就是“欺诈”的意思。如《急就篇》卷四：“谩訑首匿愁勿聊。”颜师古注：“谩訑，巧黠的实也。”王应麟补注：“谩訑，欺也。”段玉裁对《说文》中“逸”的注解是：“兔善逃，故从兔辵。犹隹善飞，故夺从手持隹而失之。皆亡逸之意。”意思是说，兔子很机灵，被追捕时善于逃跑，因此不容易被抓住，所以“逸”的本义应该是“逃跑”。后来“逸”还被引申为放任、不受拘束等意思。

《说文》：“冤，屈也。从兔从冂。兔在冂下，不得走，益屈折也。”“冂”表示覆盖，兔子被覆盖住了，卷曲不能伸。所以“冤”的本义是“屈缩不得伸展”。后来“冤”被引申为“枉曲”之义。

“兔”在一些古文献中也作“菟”之形。如《战国策·楚策》：“见菟而顾犬，未为晚也。”《楚辞·天问》：“厥利维何，而顾菟在腹？”由这个“菟”字的字形来分析，似乎它是一种植物。而杜甫诗“兔丝附蓬麻，引蔓故不长”（《新婚别》），此处“兔丝”即“菟丝”，是一种蔓生的草，依附在其他植物枝干上生长。所以，我们可以从中发现一个现象：文字毕竟是记录语言的书面形式，有时也仅仅记录语音。因此，到底一个字记录的是什么词，还必须从它所处的语境来判断，而不仅仅看它的字形。至于鲁迅诗《答客诮》：“无情未必真豪杰，怜子如何不丈夫。知否兴风狂啸者，回眸时看小於菟。”这里的“於菟”是个连绵词，仅表示“老虎”之义，与植物没有一点关系了。

中国古代有不少关于兔的神话故事。兔神话最早见于上述《楚辞·天问》："厥利维何，而顾菟在腹？"意为"对月亮有何好处，顾菟能常在其腹？"这里的"菟"同"兔"。"顾菟"至少有两解。一说兔性多疑，行走时常返顾，故曰"顾菟"；一说天下兔皆雌，唯月中兔为雄，天下兔皆顾望禀气而生兔，故曰"顾菟"。

有关月中的兔子神话，最早见于《汉乐府·董逃行》："玉兔长跪捣药蛤蟆丸，奉上陛下一玉盘，服此药可得神仙。"据传说月亮之中有一只兔子，浑身洁白如玉，故称之为"玉兔"。此兔拿着玉杵，跪地捣药，成蛤蟆丸，服用此等药丸可以长生成仙。久而久之，玉兔便成为月亮的代名词。古时候的文人写诗作词常常以玉兔象征月亮，如李商隐的"桂水寒于江，玉兔秋冷咽"，又如辛弃疾的"问云何、玉兔解沉浮"。月中玉兔捣药的"仙话"亦是文人墨客经常引用的典故。唐代陆龟蒙的《上云乐》中说："青丝作笮桂为船，白兔捣药蛤蟆丸；便浮天汉泊星渚，回首笑君承露盘。"意思是月中白兔捣制的蛤蟆丸，远胜于汉武帝仙饮的"承露盘"。李白的《飞龙引·其二》中写道："载玉女，过紫皇；紫皇乃赐白兔所捣之药方。"《古朗月行》写道："白兔捣药成，问言与谁餐"。杜甫的《月》中写道："入河蟾不没，捣药兔长生。"唐传奇《裴航》中说，裴航得道成仙前，遇一老妪，有仙女曰云英。老妪得灵丹，但须"玉杵臼捣之百日"。

兔吃白菜

引自范祚信《中国民间美术欣赏·剪纸·十二生肖·子鼠》，河北教育出版社，鲁仲民主编，2003年。

神话中的兔子如月亮般洁白无瑕，再加上它的温顺与机灵，深得人们的青睐。所以人们造了很多与兔有关的词语和谚语，如：“兔起乌沉”指月出日落；“动如脱兔”比喻行动敏捷；“兔死狐悲”，意思是兔子死了，狐狸感到悲伤，比喻因同类的死亡而感到悲伤；“狡兔三窟”是说聪明的兔子有好几个藏身的窝，比喻隐蔽的地方或方法多；谚语“兔子尾巴长不了”是基于兔子尾巴短的特征来说的，用来比喻无法长久维持；“兔子不吃窝边草”的表层意思是兔子不吃自己窝旁的草，有自我保护在里边，还有“早晚是自己的”一种坦然。但是，人们引用这句俗话，主要是取它“与邻为善”的引申义。它告诫人们：善待自己的熟人与亲朋，是做人最起码的原则。

兔子大多时候是乖巧的，但也有疯狂的时候，有一句俗语叫“疯狂如三月的兔子”。说的是在早春的时候，野兔就会变得疯狂。那时雄兔为了向雌兔求爱而彼此激烈争斗。看来兔子有时候很安静，有时候就像得了多动症不得消停。所以，我们也可以在生活中经常听到大人们称调皮捣蛋的孩子为“兔崽子”。小时候的您是不是也被爸爸妈妈这样叫过呢？

【“龙”，你究竟是什么？】

龙是中华民族的象征，我们一直自称为“龙的传人”。也许正应了“自己最不容易了解自己”这句老话，多年来有一个问题一直困扰着我们——“龙”究竟是什么？

龙在汉族的生肖中，是非常特殊的。可以说，在十二生肖中，龙是唯一“身份不明”者。历史上身份不明的瑞兽颇多，如凤凰，如玄武，如麒麟，但是它们至少没有进入生肖之列。可我们的老祖宗偏偏一不小心把龙列入了十二兽！随着文化史研究的发展，多年来许多学者都尝试破译这龙的本来面目。到今天为止，关于“龙”究属何物，还是说法纷纭，莫衷一是。我们愈是研究，它愈是“犹抱琵琶半遮面”。

最常见的说法是古人替蛇安上了几只脚，称之为“龙”，是一种神话中的动物。也有人据古书“马八尺以上为龙”，认“龙”为一种良马。还有人因传说中的龙“能水”而怀疑它是河马。更有人据龙的鳞认为是鳄鱼，甚至有人认为龙即现在已经消亡了的恐龙。各家虽然众说纷纭，但大多认为龙是一种动物。

也有人认为“龙”与“虹”音近，甲骨文有“虹”字作，于是认为“龙”即虹。在这里，龙被看作一种自然现象。

更有人认为“龙”字音与“松”相近，龙皮与松皮亦有相似之处，于是把这龙认作了松。清代汪文柏有诗云：“引杖降之归钵去，是龙是松辨其故，具眼人看方不误。”这几句诗说明了龙和松在外形上的确容易混淆。如果这位诗人不是近视眼，这一论断就更会再增添几分可信度。可是仔细看看龙的形象，你会相信龙是一种植物吗？

文化现象与爱情现象的相似之处在于，崇拜与爱的原因，恰在于不了解崇拜与爱的对象的真相。愈是不了解，就愈是视若神明。仔细想来，这倒有点近似“叶公好龙”故事说出的真谛。上述种种对龙的解释都无一足以使人深信不疑，但随着学者对龙的研究的深入，已经可以初步确定，龙是一种动物类型的图腾。

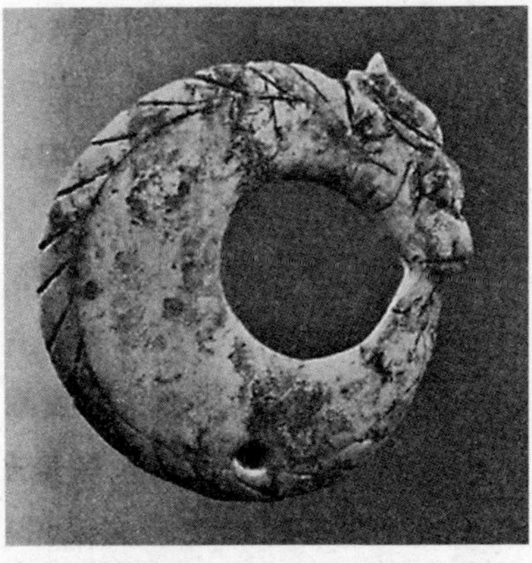

安徽含山凌家滩玉龙

引自蔡凤书《国宝发掘记》，齐鲁书社，2004年。

“龙”是中华民族的象征，中国人对于龙的崇拜意识自然也就特别强烈。这种意识，也体现在我们沿用至今的成语中。查查以“龙”构成的成语，真是数不胜数，而且一般都是褒义者。以龙命名的地名，在我国也太多了，其中最有名的当数省名“黑龙江”。

“龙”字繁体作“龍”。商代甲骨

文中就有“龙”字，而且异体甚多。看来，与是最近于龙的，虽然我们不知道其原型长什么样，但是我们猜想得出这是龙的“真实”状态的描绘。类似的还有，已经过抽象化，稍与其原型有了差别。而越到后来，甲骨文的“龙”就变得愈加抽象，如已经进一步抽象化，而和，已经同“龙”字后来的繁体字相去不远了。

综观《甲骨文编》中的几十个“龙”字，我们首先可以发现，这些异体字，几乎没有一个是相同的。为什么？其实，既然我们的老祖宗也不知龙究为何物，那么，随便写一个字，至少你不能说它就一定不是“龙”了。比如，有的“龙”字是长着有许多条腿的，有的“龙”字却没有一条腿，有的“龙”字腰身粗粗，有的“龙”字腰身苗条，但是，它们都是“龙”字！

其次，我们还发现，这些“龙”字的写法有繁有简。字相当繁复，而却相当简单。可见，由于刻字者不知自己要刻的究属何物，为了刻字便利，就愈来愈把“龙”字简化了。

再次，我们还可以发现：甲骨卜辞中，真正把“龙”字当作一种动物来使用的例子是没有的。“龙”有时用作方国名“龙方”，有时用作祭祀对象“龙甲”。有时甲骨卜辞中甚至用作“宠爱”的“宠”字，这应该是一种假借现象，但是或许也由此可见商代人对“龙”的宠爱之情。

所以，这个“龙”字，形体多变而又不露其真实面目，是够诡异的了。

《说文解字》对龙的说解是：“龙，鳞虫之长，能幽能明，能细能巨，能短能长。春分而登天，秋分而潜渊。从肉，飞之形，童省声。”在这段充满模糊性的文字中，我们至少知道：在古人的意识中，龙是一种具有超等才能的动物，而非植物。所以，上述以松为龙的原型的想法实在不合常理。其实，从甲骨文中“龙”的形体，我们也能坚信，龙不是松。

在《说文解字》另一个字的说解中，多少透露出东汉人对“龙”的理解：在解“騋”字时，指出“马七尺为騋，八尺为龙”。而有的学者认为由于马高八尺的专用字为“駥”，于是“駥就是龙”。

这一想法是有一定意义的，但是它也未能解决我们的一些疑问。因为，“龙”字的甲骨文字形绝不似马，此其一。如果龙真是一种马，那么，显然这与《说文解字》对“龙”字的说解不符，此其二。另外，我们也无法了解，为什么许慎在《说文解字》的一处认为“龙”是一种“鳞虫”，而另一处却指出它是一种马类。

那么，“龙”究竟是什么呢？

如果我们前文的叙述综合起来考虑，那么，或许对龙的本质会有一些新的理解。

首先，龙具有“多形态性”。我们可以注意到：“龙”字的形象是多样的。如前文介绍的，同在甲骨文时代，一个“龙”字竟有如此之多的写法，这似乎告诉我们：在殷商时期，人们已经弄不清龙是何种动物了。而龙形的出土文物也证明了龙的多形态性。在辽宁红山文化中的“玉猪龙”，龙体上安了一个猪头，因此我们管它叫“猪头龙身玉器”；而形体相似的龙也出土于我国的其他地方。在我国瑶族的民歌《过山榜》中，说到有一种无所不能的“龙犬”，龙的

西周蟠龙形方壶
引自杜廼松《中国青铜器收藏鉴赏全集》，上海古籍出版社，2009年。

头换上了狗头，而狗恰恰是瑶族先民意识中的祖先。龙的多形态性，恰恰证实了它的虚拟性及它的变异性。而赛龙舟之风，更是我们中国许多地方所共同拥有的民俗。

其次，龙有着“多地域性”。与辽宁红山相距几千里的陕西三门峡的虢国墓地出土的玉猪龙，虽然质地与形态同红山玉猪龙有所不同，但是那个猪头确是依稀可辨，尽管后来学者们开始怀疑它未必是猪的头，但至少是它是某种动物的头。依据专家的研究，龙是汉族先民在夏代的主要图腾。因此，在上古夏的疆域中，到处看得到龙的器物，是十分正常的。

第三，龙的“多本质性”。即便仅仅对现在我们看到的典籍记录进行比较，我们也能知道：这些书中所说的“龙”，绝不是指同一种动物。上文我们已经说了：《说文解字》中的“龙”，是“駥”这种马，单纯在逻辑上看有一定合理性。而偏偏这种对“龙”的理解，又与《说文解字》对“龙”的理解风马牛不相及！

斗彩云龙纹罐（清康熙）
引自谢天宇《中国瓷器收藏与鉴赏全书（上卷）》，天津古籍出版社，2004年7月。

上述三点，看似使我们更加陷入五里雾中。但细细想来，却使我们依稀看到了龙的本来面目。因为，这“三性”恰好暗示了我们：龙，是一种实有其现实生活依据却又有其虚构成分的动物图腾，与至今也不明其真面目的西方的“龙”（dragon）几乎是不谋而合——西方人至今也不知这dragon究竟是什么。但是有一点是可以肯定的：龙，作为中华民族的崇拜对象与象征，是一种与自古中华民族的生活有密切关系的若干种动物拼合而成的具有综合性的虚构动物，而且随着时间的推移和空间的变化，在人们的意识中不断地变换着它的形式和内容。这就是龙！正是这种无所不像、无所不能、无所不在而且深不可测的神奇动物，才配得上作为我们伟大中华民族的象征。

至于西方的“龙”是什么，与中西神话中的“龙”到底有无关系，这就又是另外一个也许更复杂难解的谜团了。

【“蛇”——古越人的图腾】

“蛇”是十二生肖中“龙”的芳邻，位于十二生肖的第六位。

蛇是十二生肖中唯一的冷血动物。所谓的冷血动物，是指体温随环境温度的改变而变化的动物。我们在现实生活中把“冷血动物”比喻缺乏感情、对人对事冷漠的人。而在蛇身上兼备了“冷血动物”的本义与比喻义。因为一提到蛇，可能大家都会想到盘绕在森林丛木中的巨蟒，令人毛骨悚然，或是游走在潮湿幽径上的毒蛇，令人胆战心惊。

“蛇”字本作“它”，“蛇”是后起字。《说文解字》中没有收录“蛇”字形作为一个字头，但在《说文》在释“它”字时说到，我们现在用的“蛇”字是“它”的一个异体字。《说文》：“它，虫也。从虫而长。象冤曲垂尾形。上古艸居患它，故相问无它乎。凡它之属皆从它。蛇，它或从虫。”可见，“蛇”这个词开头写作“它”，后来加了一个“虫”（读 huǐ）

旁来强调这是一种动物。据说在远古时代，段玉裁注中说“神农以前”，天气十分炎热，在这样的气候环境下，蛇就经常出没，而且到处是毒蛇曳尾而行。这就成了人类生存的一大祸患。因此，人们相见，就会关切地问道：“无它乎”？“无它”即“无蛇”，意思是：“没有遇见蛇吧？”有点像我们现代人见面打招呼问：“饭吃过了吗？”

蛇
引自韦君琳《十二生肖图案集》，合肥工业大学出版社，2009年3月。

“它”甲骨文作“”，像蛇的头、身、尾之形，也有简化成、、之形的。最后一个字形在原象形字“”的基础上又加了一个像脚的字形，可能是为了突出蛇游走之形。学者一般把“”隶定成“𠂢”，在卜辞中有时会用作动词，有损害祸患之意，如“河它禾”（《殷契粹编》一一），就是“河𠂢禾”，意思是“河神损害庄稼。”而“它”的“损害”之义可能就是从蛇对人类有损害而为祸患引申而来。

这里要顺便说一说上面《说文解字》中说及“它”字时所用的“虫”。“虫”字与“蟲”字，原本是两个不同的字，“虫”字读 hǔi 而“蟲”字读 chóng，“虫”表示大蛇类的动物而“蟲”表示有足的动物。经过简化后，“蟲”也写成了“虫”，但是二者的意义是不同的，它们至今还是两个字。

“它”至金文渐渐变成（《沈字簋》）、（《师遽方彝》）等字形。这些字形应该就是《说文》“它”字篆文所本，到了楷体就变成我们现在的“它”了。篆文中上面的“宀”是表示从蛇首变来，而下面的“匕”来自蛇身和蛇尾。从“虫”的“虵(蛇)”是后来产生的字形。因为篆文“它”经常被用作“其它”的“它”字，虚化为一个代词，所以后来就在“它”的左侧再加一个“虫”旁，以表示本来的“蛇”义。

在原始社会中，人类的认识能力有限，不能解释人类本身的来源。氏族部落以不同动物作为图腾崇拜对象，而蛇崇拜是自古有之。在伏羲氏的部落中有“飞龙氏”、“潜龙氏”、“居龙氏”、“降龙氏”、“土龙氏”、“水龙氏”、“赤龙氏”、“青龙氏”、“白龙氏”、“黑龙氏”、“黄龙氏”等 11 个氏族，氏族而以“龙”名之，因此它们可能是以各种蛇为其图腾的氏族。因为传说中的“龙”，在很大程度上是被神化了的蛇。并且，以蛇为图腾之族都是相对比较强悍的部落。《山海经》、《列子》等书载伏羲、神农、皇帝、共工、夏后启等都为蛇图腾之族。《山海经·海外西经》：“轩辕之国……人面蛇身”，“轩辕之丘……四蛇相绕”。在中国的创世神话里，蛇族是上古神族之一，开天辟地的大神盘古、繁衍人类的伏羲女娲都是人首蛇身。其实，蛇崇拜是一个世界现象。海斯指出：“阿兹特克象玛雅人和托尔蒂克人一样，都习惯于崇拜蛇神。”又有学者指出：“在希腊罗马，蛇也被视为治病之神，雅典的卫城是由一条极大的蛇来防守的。”这与《山海经》中的轩辕之丘是比较相似的。

在我国古代，蛇是古越人的图腾。古越人以蛇图腾为崇拜对象，是有书证可依的。《说文》云：“闽，东南越，蛇种也。故字从虫。”《吴越春秋·阖闾内传》说：“欲东并大越，越在东南，故立蛇门，以制敌国。”《汉书·地理志·下》载：“文身断发，以避蛟龙之害。”蛟龙，即龙蛇一类。颜师古注引应劭曰：“(越人) 常在水中，故断其发，文其身，以象龙子，故不伤害也。”把自己打扮得像“龙子”，这是他们对蛇的崇拜的体现。《隋书》卷八十一《东夷列传·流求国》：“妇人以墨鲸手，为虫蛇之文。”

现今的台湾高山族的先民主要来自古越族尤其是闽越，他们至今还保留着纹样为蛇纹的文身习俗。另外，海南省的黎族的妇女解放前会在脸上、手上、腿上刺有蛇样花纹。可见闽越地区的蛇图腾崇拜分布范围之宽广与绵延时间之长久。

由此可见，蛇在古代人们心中的地位是崇高的。这也可能是蛇亦列于生肖之中的原因之一吧！蛇排在十二生肖的第六位，与之对应的地支是“巳”字。蛇与“巳”相配，相关的解释有二：其一，“巳”在甲骨文中写作“乙”，与蛇的甲骨文字形相似，故蛇与巳相配。其实，“蛇”的古音也与“巳”有相关之处。其二，有学者也从阴阳五行说出发来说明蛇与“巳”相配。

至于“蛇”在十二兽中的位置处于“龙”之后，我们以为绝非偶然。龙在一定程度上是蛇的化身，因此，龙与蛇的紧紧相随是理所当然的。

纳西族的青蛙雌雄五行图
引自杨福泉《走进图画象形文的灵境》，四川文艺出版社，2003年。

对人类来说，蛇充满了神秘诡异的色彩，同时又是活生生的动物，是智慧的载体，却又是阴谋的化身。它似乎有一种难以抗拒的诱惑力，让人又敬又畏，以至于我们对捕蛇者与养蛇人也不禁产生敬佩之意。

【"马" 力无穷】

马是人类忠实的朋友。身体强壮高大但又不失优雅高贵，面部很长，小耳直立，尾有长毛，四肢强健，它是力与美的完美表现。

由于"马"作为一种健美而又实用的动物，自古以来，它就引得了我国历代人们的密切关注。京剧《坐寨盗马》、《秦琼卖马》路遥知马力等等，都是以马作为主题的剧目。还有《三国演义》中的《千里走单骑》，这个"骑"说的也是一匹"日行千里、夜行八百"的赤兔马。

记得解放初期的苏州，是没有公共汽车的。但是马车却是重要的交通工具。在当时的阊门，停着好多辆马车，坐上几个人就开始运行。程小青的《霍桑探案》里有一篇文章记载了此种情景，尽管言焉不详，笔者已完全能借此回忆起六十年前的情景。

中国是最早开始驯化马匹的国家之一。从黄河中下游的山东以及江苏

猎马

引自盖山林、盖志浩《中国岩画图案》，上海三联书店出版，1997年1月。

马上英雄（葡萄牙岩画）

引自陈兆复，邢琏《世界岩画（2）欧、美、大洋洲卷》，文物出版社，2011年。

等地的大汶口文化时期及仰韶文化时期遗址的遗物中，都证明距今六千年左右有几个野马变种已被驯化为家畜。马秉性温顺，真正可以做到有令则行、有禁则止。马行走灵活，善于奔跑，适应性强，因此它也就理所当然地成为人类早期的交通工具之一，其罕见的优点还在于日行千里绝不消耗一丁点汽油，光凭这一点，就令当今生活在物价飞涨社会的人们羡慕不已。

在古代，马既是战争的工具，又往往是战争的目的。汉族聚居的中原地区不适宜大规模放牧，马的品种少，缺少名马。据文献记载，中原人，尤其是帝王和达官贵人，对周边民族的马非常看重，甚至不惜重金乃至动用武力来争夺名马。以今陕甘一带为中心的西部地区生活的古代居民，中原人称之为“西戎”。古时候这里水草肥美，适宜大规模放牧，故多名马。据史实记载，古代中原王朝与西戎之间的战争不仅频繁而且相持时间长久，除了政治原因之外，可能名马之争也是导致战争发生的原因之一，正如当今世界国家为了争夺石油而引起的战争一样。《说文解字》释“马”：“怒也。武也。”马在古时被称为武兽。从中可见，马在战争中也发挥着十分重要的作用。

可见，马与人类的生活，甚至与古代人们的生存是息息相关的，所以我们对马也是相当喜爱的。先民造字往往取象于现实生活中熟悉的事物，“画成其物，随体诘诎。”“马”字在甲骨文中就有多种形体。如字形“”生动活泼地描绘出了马的长面、竖耳及长尾，还有其有力的蹄和密密的髦。而字形与则省略了马的竖耳，马蹄也渐渐消失了。而、、则更加符号化和线条化，头部只保留了马的长脸还有马眼，依稀还能看到马嘴，马身从双线条变成了单线条，使整个字形从立体转向了平面，马蹄也是简单地用几笔带过。但是几乎不变的是其鬃毛。直到现在楷书的“馬”，字的右边几横依稀还看得见它的鬃毛形象。甲骨文中的“马”字虽然有繁有简，但都是基于马本生的外形特征描绘而成的象形字。“马”字在卜辞中经常出现，用法如下：

一、牲畜名。如卜辞“甲辰卜，殼贞：奚来白马。王固曰：吉其来”。（《殷虚文字丙编》一五七）。“马”既然用颜色词来形容，则“马”字在这条卜辞中应该表其造字意义。

二、职官名。赵诚先生指出，甲骨卜辞中的“马”字很可能用来指主管马匹进行战争、田猎的武官。如卜辞“乎多马逐鹿只”（《殷虚文字乙编》四六一五）。我们以为这一看法是很合理的。《说文解字》：“马，怒也，武也。”应是一个有力的证明。

三、人名。如卜辞“卜，其乎马先弗每不”（《鄴中片羽》三·四〇·九）。

四、方国名。如卜辞：“甲辰卜，夬贞，我伐马方帝，受我又一月。”

(《殷虚文字乙编》五四〇八)

这里，“马”的职官名后世还是沿用着。所谓“司马”，就是在某些时间里相当于“国防部长”、“武装部队司令”的高官。“司马”在金文中常作“司武”。析其原因，《说文》以“武”释“马”，“马”字与“武”字本来就是读音相近而意义相关的。

金文“马”作(《录伯簋》)、(《克钟》)、(《虢季子白盘》)，承甲骨文之形而有一些变化。如最后一个字形就完全线条化了，金文应该是《说文》中篆文之本。《说文》释“马”中许慎还指出：马的古文字形为，像马的髦。有学者认为它从不能得髦形，因为《录伯簋》中马作，与形略似。《毛公鼎》中作，《盂鼎》中作，均与相近。所以这位学者认为只是在转写金文时出现的形体，并不是为了刻意表现马髦而添加“”之形。但是无论如何，从甲骨文开始，“马”字在甲骨文与金文中的最明显特征，是它那背上的三根毛。

《说文·马部》共收字 115 个，新附 5 个字，重文 8 个。“马”部所收的字大部分都与“马”这类动物有关。古人根据马的特征（包括年龄、性别、毛色、身高等）、马的功用、马的状态（动作状态、情绪状态等）等方面分析了各种与马相关的事物名称与动作名称。下面我们将简单举例说明。一、与马的特征相关的字。如“馬”表示的是一岁的马；二岁的马曰“驹”；三岁的马曰“駣”；“騩”是“马浅黑色”；记录马的性别的字只有一个“騭”，义为“牡马也”，表示雄马；“骄”是指身高为六尺的马，马七尺称为“騋”。二、与马的功用相关的字。如“騑”是驾在车辕两边的马，“驸”是驾副车的马。“骈”、“骖”、“驷”都是指车所从的马匹数，也是从马作为交通工具的功用角度而言的。“驿”、“驲”、“腾”这三个字反映了古代的驿传制度，分别指驿站的车骑、传用车、传递文书的车，当然拉车的都是马。三、与马的状态相关的字。如“骎”表示“马行疾也”，“駾”表示“马行疾来貌”，“驻”表示马站立的样子。四、其他与马相关的意义的字。“驴”是指“似马，长耳”的一种动物，“駃”是指以马为父的骡崽。在《说文·马部》的120个字形中，虽然很多字现在都已经不用，但是我们仍可从这些字中看出古人对马这类动物细微的观察和熟悉的了解程度，这也是古人对马喜爱的一种表现吧！

“马”在中华民族的文化中有着很高的地位。中华民族对马倾注了深厚的感情。马是中国古老而著名的图腾之神。河南濮阳西水坡45号墓发现的蚌壳堆塑而成的龙是“马龙”，即龙身马首，是龙与马两种图腾的结合体。《山海经》中的《中山经》载有“马身龙首”之神。又据《山海经·西次三经》：“槐江之山……实惟帝之平圃，神英招司之。其状，马身而人面，虎文而鸟翼，循于四海，其音如榴。”上述种种的马，都可以说是真正意义上的“神马”。古人崇拜马祖，并举行种种祭祀仪式。《周礼·春官·校人》：“春祭马祖，执驹。”除春日定期举行马祖祭祀仪式外，周天子田猎之时，也必先祭马祖。《诗·小雅·吉日》：“吉日维戊，既伯既祷。”毛传：“伯，马祖也。重物慎微，将用马力，必先为之祷其祖。”除祭马祖之外，古人还定期祭祀其他与马有关的神。由此可见，古人的马崇拜，其根源还是出于实用主义的目的。

此外，马还是十二生肖之一，与地支中的“午”相配。有学者认为“午”字，甲骨文像古代舂米等所用的细腰木杵。有古文字学家认为：“午”为马策，即古时用小斑竹根做的马鞭。也有学者说“午”为马辔，即牵马的缰绳。但无论是赶马的马鞭还是牵马用的缰绳，都是打马、牵马用的。故“午”字是与马相配的。这个说法至少还有待进一步验证。

现在，随着社会的发展，汽车、火车、轮船、飞机等交通工具代替了

显示马崇拜的纳西族东巴经《神路图》片断

引自杨福泉《走进图画象形文的灵境》，四川文艺出版社，2003 年。

马的运输功能，但在山区无法行车的路上，马至今仍是主要的运载工具。自古以来，“马”已经陪伴了我们人类至少六千个春秋，无论是在国泰民安的现在，还是在兵荒马乱的古代。它就是上天赐给人类的朋友和伙伴，与我们同甘苦共患难。

“马”是世界性的动物。不仅是中国人，外国人也是了解而且充分使用马的功能的。有一个计算功率的单位“马力”，1 马力等于每秒钟把 75 公斤重的物体提高 1 米所做的功，“马力”仅仅是从英文 horsepower 的意译而已。

【"羊" 也是一种瑞兽】

羊天性温顺，容易饲养，是人类最早开始狩猎并驯服的"六畜"之一（另五畜为马、牛、猪、鸡、犬）。早在母系氏族公社时期，生活在我国北方草原地区的原始居民，就已开始选择水草丰茂的沿河沿湖地带牧羊狩猎。我们从人类早期的艺术形式——岩画中就可以找到一些相关的证据。宁夏中卫县、新疆托里县及新疆阿勒泰市，都有有关羊的图像，或是猎羊，或是牧羊。据考古发现，我国在大约距今八千年前的裴李岗文化中就已经出现了陶塑羊的形象，长江流域距今约七千年前的河姆渡文化中也出现了陶羊。这些都说明了羊与人类至少共同生活了七千多年。

羊的外形给人一种软绵绵的感觉，可能这也是羊容易亲近人的原因之一。羊最有型的就是它的两只角了，这是它最好的自卫武器。甲骨文中的"羊"字就已经非常形象生动地表现出了这一点。甲骨文"羊"有繁有

猎羊

引自盖山林、盖志浩《中国岩画图案》，上海三联书店出版，1997 年。

以羊为主题的阿根廷岩刻《畜牧兴旺》

引自陈兆复、邢琏《世界岩画（2）欧、美、大洋洲卷》，文物出版社，2011 年。

简。繁复的如、、、等字形，简略的如、、、、等字形，变体甚多。但始终不变的是它两只弯钩似的羊角。“羊”的繁简之形或描绘羊头，包括羊的眼睛、羊角、嘴巴，或描绘从侧面看的羊形，或描绘用绳索牵羊时的状态，但是特征十分明显，是羊非羊，一望便知。羊在卜辞中主要用作牲畜名，可用于祭祀、进献、纳贡、农业等方面。羊用于祭祀的如卜辞“甲辰……王，翌乙巳賁于成五羊”（《甲骨文合集》1348）；羊用于进献、纳贡的卜辞如“乎取羊弗艰”（《甲骨文合集》8812），又如“贞乎取羊”（《甲骨文合集》8812）；羊用于农业的卜辞如

“贞乎翌人出羊牛”（《甲骨文合集》9741）；羊用作地名的卜辞如“丁亥卜，亘，贞羊受年”（《甲骨文合集》9792）；羊用作人名的卜辞如“妇羊示十屯”（《殷墟书契续编》六·二四·九）。

金文“羊”亦多与甲骨文同，繁简亦不一。线条化程度强的如（《羊簋》），（《甚諆鼎》），（《羊卣》），（《羊鼎》），图画性较强的如“”，“”。小篆“羊”写作羊，基本承袭了甲金之文，只是更加线条化和符号化了。

四羊方尊
引自杜廼松《中国青铜器收藏鉴赏全集》，上海古籍出版社，2009年。

《说文》释“羊”为：“祥也。从，象头角足尾之形。”“羊”在古代与“祥”相通，秦汉年间的铜器，金石多以羊为“祥”，“吉祥”写作“吉羊”。西汉大儒董仲舒有云：“羊，祥也，故吉礼用之。”因此，羊在古代是进见、致谢或慰问馈赠的佳品，送“羊酒”、“送羊劝孝”等都是其具体体现。不仅如此，祭祀鬼神的成套贡品“太牢”中也有羊。《论语·八佾》：子贡欲去告朔之饩羊，子曰：“赐也，尔爱其羊，我爱其礼。”意思是说，孔子因为爱惜古礼，不忍心使它废弃，希望保留古礼所需要的祭羊。由此可见，在古代羊经常用为献给尊者以及祭祀的必备之品。这从“羊”的“羞”字亦可体现出来。在《说文》中“羞”被释作“进献也。从羊，羊所进也；从丑，丑亦声。”《说文》：“丑，……象手之形。”郭沫若先生《甲骨文字研究》中认为：“丑”字“实象爪之形。当即古爪字。”“羞”的甲骨文字形写作“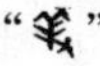”，从又从羊，以会进献之义，即把羊献给尊者。如

《左传·隐公三年》："可荐于鬼神，可羞于王公。"杜预注："羞，进也。"这里所进之物应该就有羊了。

值得特别注意的是："羊"在甲骨卜辞中，很可能已经直接表示"吉祥"的意义。"惟日羊，有大雨。"(《甲骨文合集》30022）这里的"羊"即"祥"的意思。

羊不仅是吉祥的象征，还是美德的代表。我们都知道羊是一种本性驯顺的动物，自出生起，便知"跪乳"。《春秋繁露》曰："凡贽，卿用羔。羔，有角而不用，如好仁者。执之不鸣，杀之不号，类死义者。羔饮其母，必跪，类知礼者。"又《谯周法训》："羊有跪乳之礼，鸡有识时之候，雁有庠序之仪，人取法焉。"于是，羊便被涂上了浓浓的人文色彩。所以从羊的汉字多有"驯顺"之意。在《说文》中羊部字有：姜、羯、详、祥、羞、佯、义、徉、翔、养、羝、洋、羔、羱、群、美、烊、鲜、羌、庠、羡、羲、鲞、羞、蛘、羧、善、咩、羚、恙等，共28个字形。如我们在前面所说的"善"字，《说文》："善，吉也。从誩从羊。此与义美同意。"在周代中期的《可簋》上，有个字作""，据考证这是目前发现最早的"善"字。上面是"羊"，下面是"言言"，羊颈上还系着一个绳索一样的东西。小篆"善"作""，两者字形相似，都是上面为羊，下面为"言言"，意思是称赞羊好，指做人做事要具备羊的优良品德，做好人做好事。

再如"美"字也是以"羊"为构件的字。《说文解字》曰："美，甘也。从羊，从大。"徐铉注释说："羊大则美。"可见在徐铉的眼中，"美"是由羊大而味甘而来。后来也有学者提出异议，认为"美"字起源于古人劳动或喜庆时，头戴羊角载歌载舞之人，后世则用来形容美好的事物。两种观点孰是孰非，我们尚未能做出判断。但我们以为，后一种说法在文字学上更加具有合理性，因为“大”字是比“人”字更早的形态，而且在甲骨时代，拼合两字意义构成一个会意字的情况几乎没有，如果有，也是极少的。

可见，“羊”与“真善美”三者之中的“善”和“美”都有着密切的象征意义上的联系，难怪它成为十二生肖之中最受人喜爱的动物之一了。

现在电视热播的动画片《喜洋洋与灰太狼》是关于羊的故事，深受儿童、部分青少年乃至老年人的喜爱。笔者深信，本文一定会使这部影片的收视率得到进一步提高。

〖调皮可爱的“猴”〗

猴是动物界最高等的类群，它们大脑发达，拇指灵活。在日常生活中，人们对猴是不吝喜爱之情的。这可能源于猴子天生的聪明机智，顽皮好动，更是因为比起其他动物，人与猴的相似度更高，与猴之间的吸引力更大吧！但是猴再聪明，也比不过人类。“朝三暮四”这个词的典故就来源于养猴人与猴，出自《庄子·齐物论》：“狙公赋予，曰：‘朝三暮四。’众狙皆怒。曰：‘然则朝四而暮三。’众狙皆悦。”说的是养猴人告诉猴子说，从今以后，早餐每猴三个栗子，晚餐吃四个栗子，可以吗？猴子不愿意，大喊大叫，表示抗议。养猴人改口说：“这样吧，以后每天早餐发四个栗子，晚餐三个，怎么样？”猴子们听了，一个个手舞足蹈，不亦乐乎！不通数学的猴子被人给戏弄了，但这也正是它们的可爱之处。

进化论告诉人们，人类是由类人猿转变而来的。猿和猴子最初是一家。我们通常把猿与猴合称为猿猴。中国古人对猴子的观察是相当仔细的。三国时东吴有个叫万震的人写过一部《南州异物志》，其中有一段说："交州以南，有果然兽，其鸣自呼，身如猿，犬面，通身白色，其体不过三尺，而尾长四尺余，反尾度身过其头。视其鼻，仍见两孔，作爷向天。其毛长，柔细滑泽，色以白为质黑为文，视如苍头鸭。肩边班文集十余皮，可得一蓐，繁文丽好，细厚温暖。"透过这段文字，猴的形象在我们眼前跃然而出。

耳苏沙巴文里的猴
引自宋兆麟《耳苏人沙巴象形文和图经调查》，文物出版社，2011年。

当然，我们亦能从"猴"的甲骨文中依稀看出猴的基本形态。在《续甲骨文编》中收录有"猴"的字头，并且只列了一个甲骨文字形""。而《甲骨文编》和《新甲骨文编》等甲骨文字书中都没有收录字头"猴"，只有字头"夒"。《说文》："猴，夒也。"夒，音náo，其实就是"猱"，是长臂猿的一种。许慎释"夒"为"贪兽也。一曰母猴，似人。"段玉裁注："母猴与沐猴，猕猴，一语之转。""母"、"沐"、"猕"三个字都为m作声母的字，读音相似，因此是可以通用的。所以，"猴"的甲骨文字形应该与各甲骨文字典中收录的"夒"字是一样的。在甲骨文中，表"猴"义的字形图画性较强，有、、、、等形体，如第一个字形似猴子蹲坐之形，不仅勾勒出了眼、面、耳、嘴、额头，还用双线画出了猴子伛偻的身体、身上的毛及其灵活的四肢；而相对来说线条化和符号化较强的字形有、、、、，等。这些字形无论繁简，整体看上去与人非常相似。在甲骨文卜辞中，表"猴"的字形主要有三种用法。一是表本义即

“猕猴”。如卜辞：“⁝其隻（获）夒”（《铁云藏龟拾遗》六·九）；二是记录先公名。王国维先生在《卜辞中所见先公先王考》中说“即帝喾”，唐兰先生以为是与王亥世次相近之先祖名。如卜辞：“叀高祖夒祝用王受又。”（《殷契粹编》一）。又如：“⁝夒眔上甲其即”（《殷契粹编》三）；三、神氏名。如卜辞“贞隹夒蚩”（《甲骨续存》一·九九〇）。金文中“猴”的形体几乎没有。“猴”的篆体写作“猴”，许慎说“从犬矦声”，从甲骨文中的象形字变成了一个形声字。到了隶楷，我们把犬简化成“犭”，右边的“矦”改写成“侯”，因此就有了我们现在的“猴”字。有人开玩笑说：“猴”中的“侯”可能也有一定的表意成分，“犬”与“侯”联合起来表示“动物界的诸侯”，这也不枉猴子为“动物界最高等的类群”之称了。

汉族人民普遍认为猴为吉祥物。由于猴与侯谐音，更加加强了其吉祥物的文化含义。如一只猴子爬在枫树上挂印，取“封侯挂印”之意；一只猴子骑在马背上，取“马上封侯”之意；两只猴子坐在一棵松树上，或一只猴子骑在另一只猴的背上，有时还画上几只蜜蜂，取“辈辈封侯”之意。唐王昌龄的诗有“悔教夫婿觅封侯”之句，这里的“封侯”也许就是此类国画立意的依据。

生肖猴
引自韦君琳《十二生肖图案集》，合肥工业大学出版社，2009年。

在国外，“猴”也非常受宠，甚至被视为神。据胡适先生的研究，中国的孙悟空的形象，就是来自印度的史诗《罗摩衍那》。

据说，我国猴子的艺术形象早在新石器时代就已出现，北京有新石器时代的小石猴出土。

猴子作为一种生肖，排在第九位，与十二地支中的申相配。关于猴与申之所以相配的原因，有学者认为是猴子善于伸屈攀缘树木，“伸”和“申”原本是一字，从一定意义上说，这一解释也是有合理性的。

猴子虽然调皮，但调皮得令人怜爱。以至于大人们常把淘气的小孩子称为“活猴儿”，南方有些地区也称为“猢狲”，谐音“活生”。不过，似乎男孩子被称为“活猴儿”的概率较高，因为女孩子还是得淑女一些比较讨人喜欢。

【平常却不平凡的“鸡”】

鸡在中国十二生肖中排名第十，对应十二地支中的酉。它是最早被人类所驯化的家禽之一。据《史记·五帝本纪》记载：黄帝“时播百谷草木，淳化鸟兽虫蛾。”意思是说黄帝按照季节播种百谷草木，驯养鸟兽蚕虫。而这里讲的驯养后的鸟很可能就是鸡。另外，考古工作者曾在河北武安磁山遗址、河南新郑裴李岗遗址等处发现家鸡遗骨。以上种种都有力证明了我国养鸡历史之久。

我国甲骨文中有“鸡”字，说明远在三千多年前的人们就已经认识鸡，养鸡在我国有文字可查的历史至少已有三千多年。而且，“鸡”在殷商时期就有十多种写法，如、像鸡站立的侧视状，是鸡站立并且头朝左边的形态。虽然这几个字形不一，但是都逼真地勾勒出了扬脖挺胸、肉冠矗立、引颈报晓的公鸡形象。后来，为了能够明确“鸡”字的读

音，又在象形字“鸡”的旁边加了声符“奚”，使“鸡”成了一个形声字。甲骨文中的“鸡”有、、、、、等字形。卜辞“贞，王田于雞，往来亡灾”（《殷契佚存》五四七）中，是借用“鸡”字来表示地名，因为根据卜辞记载，商王经常到鸡地田猎。金文中的“鸡”字很少。字形是商代鸡鱼鼎上的铭文“鸡”，也是象形字。、两个字形是商周时期青铜器上的“报时神”——公鸡的形象。我们可以从中发现一个有趣的现象，这两个字中“鸡”的头、冠、爪、尾、翅、颈、眼、嘴、身、羽毛一应俱全，并且描绘得活灵活现、惟妙惟肖，与甲骨文的表现手法相比各有妙处。这可能与不同时代的书写材料和书写工具有一定关系。

“”是“鸡”的小篆字形，它承袭了甲骨文“鸡”左声右义的形声构字法，左边仍是个“奚”，用来表声，右边变成了“隹”，用来表义。“隹”与“鸟”在古时字形相似，意义相通。《说文》释“隹”：“鸟之短尾之总名也。”甲骨文字形作、、、、、等像鸟之形。因此，在古文字中，偏旁“隹”与“鸟”常通用。许慎《说文》释“鷄”中亦指出“（鷄），籀文雞从鸟”。到了隶楷，此字基本写成“雞”或“鷄”。后来为了书写方便就用笔画简单的符号“又”代替了笔画繁复的声符“奚”，把意符“隹”又还原成意符“鸟”，就成了我们今天通用的简化了的“鸡”。所以，“鸡”中的“又”只是一个简单的记号而已，既不表音也不表意。

“雄鸡一声天下白”（李贺《致酒行》），“万家梦破一声鸡”（高启《鸡鸣歌》），这些诗句讴歌着雄鸡善以时而鸣膺司晨之职的功绩。在计时器尚未发明的古代，早晨的鸡鸣一声，向人们报告新一天的开始。因此，鸡不仅是庄户人家的时钟，也是公共生活的时钟。正如许慎在《说文》中对

“鸡”的本义的阐释——“鸡，知时畜也”。《玉篇》中亦称鸡为“知时鸟”。在古文献中关于鸡以时而鸣的记载有不少。如《诗经·郑风·女曰鸡鸣》：“女曰鸡鸣，士曰昧旦。子兴视夜，明星有烂。将翱将翔，弋凫与雁。”这是一对夫妻以对答的形式叙述家中的男人在鸡鸣之时早起去弋猎的情形。在战国时代，函谷关的开关时间就以鸡鸣为准。落魄而逃的孟尝君，面对大门紧闭的关口，担心后面追兵到，食客中有擅长口技者，学鸡鸣，一啼而群鸡尽鸣，骗开关门。这个“鸡鸣狗盗”的故事被写入《史记》，传为熟典。

鸡是一种身世不凡的灵禽，它的神圣意义体现在中国创日神话中，鸡有幸充当创日第一日所造之物。《太平御览》卷三十引《谈薮》注云：“一说，天地初开，以一日作鸡，七日做人。”可能这也是不少学者都认为凤的一部分形象是来源于鸡的理由之一。

鸡的祖先据说是原鸡，原鸡中的雄鸡的最大特征是肉冠及肉垂呈现红色，并且大而显著；尾羽黑色具金属绿色光泽，中央两枚尾羽最长，下垂如镰刀状。而凤突出的肉冠和飘逸的尾羽很可能就是在原鸡形象的基础上改造而成的。另外，我们也可以在文献记载中找到一些证据。《太平御览》：“黄帝之时，以凤为鸡。”《山海经·南次三经》中说丹穴山上有一种鸟，“其状如鸡，五采而文，名曰凤凰。”《孝子传》记：“舜父夜卧，梦见一凤凰，自名为鸡。”《吕氏春秋·古乐》中有“因令凤鸟天翟舞之，帝喾大喜”的话，天翟就是天雉，也就是天上飞来的野鸡。《拾遗记》载，唐尧在位的时候，某小国送来一种重明鸟，这种鸟“双睛在目”、“状如鸡，鸣似凤。”《桂海禽志》载一种“乌凤”，其“颈毛类雄鸡”。这些都是从凤与鸡的外形上去看它们相似度的相关例证。

此外，凤与鸡的共性还体现在善鸣司晨。雄鸡善鸣，有司晨的功能。

凤也善鸣，正所谓“凤凰鸣矣，于彼高岗”（《诗经·大雅·生民之什·卷阿》），“百兽率舞，凤凰司晨鸣”（《尚书·中侯》注）。而且，在凤所具备的诸多神性中，“向阳”是可以排在第一的。而鸡也是喜欢温暖，喜欢阳光的，被称为“火阳精物”、“积阳”之象，也有“太阳里有一只公鸡”的说法。因此，太阳快出来的时候，鸡就特别兴奋，喜形于色而振翅鼓翼，扬颈啼鸣。正如唐代诗人李益《闻鸡赠主人》中的“胶胶司晨鸣，报尔东方旭”，李商隐《赋得鸡》中的“可要五更惊稳梦，不辞风雪为阳乌”，这里的“阳乌”就是指喜欢阳光的鸡。可见，人们说神圣的凤的一部分形象来源于我们常见的鸡是有一定道理的。

战国的夔凤纹　　**汉瓦当“朱雀”图案**

引自庞进《中国的图章——说龙谈凤话麒麟》，陕西人民出版社，2001年。

中国鸡文化源远流长，内涵丰富多彩。自古以来就深受文人墨客的赏识，他们常以雄鸡作为诗、画创作的素材。如《诗经·风雨》云“风雨如晦，鸡鸣不已”，后来“风雨如晦，鸡鸣不已”被引申为形容在风雨飘摇、动乱黑暗的年代，有正义感的君子还是坚持操守，勇敢地为理想而斗争。

画家徐悲鸿曾创作《雨中鸡鸣》，朱宣咸创作的中国画《金鸡赛菊》、《丝瓜小鸡》、《鸡》等都是非常优秀的以鸡为题材的美术作品。此外，古人流传下来的关于鸡的成语也有不少，如“一人得道，鸡犬升天”、“鸡犬皆仙”。该典故出自《神仙传·刘安》，书中说淮南王刘安修炼得道，临升天之时，“余药器置中庭，鸡犬舐啄之”，也都升天成仙了。后世遂以鸡犬升天比喻一人得到好处，亲朋好友也连带沾光。“味如鸡肋”，该典故出自《三国志·魏志·武帝纪》裴松之注引《九州春秋》，意思是说鸡的肋骨没有肉，比喻某些事情“食之无味，弃之不舍”。“闻鸡起舞”典出《晋书·祖逖传》，说祖逖和刘琨少年而有壮怀，半夜听见鸡叫，便起身操演武艺，以备报效国家。后世即以此比喻有志之士及时奋发。“鹤立鸡群”又作“独鹤鸡群”，典出晋戴逵《竹林七贤论》，说嵇绍“昂昂然若野鹤之在鸡群”。此语后用来比喻一个人的仪表或才能在周围一群人里显得很突出。

由于“鸡”与“吉”两个字读音相近，所以“鸡”经常谐音用来表示吉祥的“吉”。如笔者曾经写过用“ji”音的字来安慰一个考试失利的小朋友：“鸡即吉，吉即鸡。既急击，继疾击。季季击，积极击。记己迹，激己绩。”小朋友的回答是：“即及笄，急急急！几级技？极级技！”这段对话，至今想来还是很有意思，而这位小朋友现在已经是北京某著名高校的文科女大学生了。

沙巴文中鸡的象形字

引自宋兆麟《耳苏人沙巴象形文和图经调查》，文物出版社，2011年。

不过，“鸡”作为一种民间

吉祥物的习俗，在北方更甚于南方。原因是“吉”的近代以来的读音，在我国南方是个入声，与“鸡”相去甚远。到后来，尤其是普通话制定之后，“吉”和“鸡”才成为近乎同音的字。所以，直至今日，北方人逢年过节必须吃鸡的习俗比南方人更为通行。

鸡是我们生活中常见的家禽的之一，它陪伴了人类至少三四千年，在一定程度上见证了我们中华民族的进步与发展。所以，鸡虽是平常之物，却又非平凡之物。

【说“犬”侃“狗”】

笔者有一苟姓好友，爱狗，常去宠物商店买狗。每见中意之狗，即向其妻发一短信请示。妻恶其爱狗之习，常回信恶语责备。下面即是他俩的一次通信记录，姑录于下，以飨读者。

苟：购沟狗。苟妻：沟狗？苟：沟狗。苟妻：沟狗够垢，购？苟：苟购。苟妻：购钩，苟遘沟狗，勾沟狗！苟：狗够？苟妻：狗够，购？苟：购！购！购！苟妻：Go！Go！Go！

这只是关于狗的一个小故事，却可以激起咱们对狗的思考。比如，“狗”字的读音，在古代是怎么样的？比如，表示狗，汉字中既有“狗”字又有“犬”字，它们是一个意思、同样读音吗？在狗年将临之际，咱们不妨把这两个字及有关狗的语言和文化现象作一番研究。

关于狗的画

引自顾青蛟《狗的画法》，天津杨柳青画社，2006 年。

首先，狗与犬古代就是同一种动物吗？

翻开我国最早的一部字典《说文解字》，在其“犬部”中可以看到第一个是“犬”字，第二个便是“狗”字。这说明，最迟到东汉时代，“犬”、“狗”二字都已产生，而且很可能二者是同一种东西。

《说文》在“犬”字下说：“犬，狗之有县（悬）蹏（蹄）者也。”可见狗与犬属同一种动物。《说文》紧接又引了孔子的话来说明“犬”：“孔子曰：‘视犬之字，如画狗也。’”由此更可见“狗”、“犬”二字表示的确是同一种动物。

从读音来看，“狗”与“犬”的古音是比较相近但并不完全一样的。有专家认为，“狗”、“犬”都是由象声而产生的词，那发音与狗的叫声差不离。

其次，我们需要研究，先有“犬”字还是先有“狗”字？

如果咱们“打破砂锅问到底”，欲知“犬”与“狗”二字何时产生，那么至少应该追溯到甲骨文中。甲骨文“犬”字有作、的，其爪其耳栩栩如生。金文有作的，爪子简化而尾巴却翘得厉害。到小篆变作，其实同金文的写法差不多，腿、耳、尾依稀可辨，只是乍一看很难想到这正是犬的侧视图。可见，在距今三千年以上的商代，咱们的祖先已造好了这个“犬”字。

“狗”字出世也不晚。甲骨文中刻成，那垂着的狗耳和蹲着的狗腿宛然可见。只是到后来，它逐渐用来表示“敬”的意思，而在表“狗”的时候，加个“口”字成为又去了草头，再加上“犬”旁成为“狗”。

由此可见，“狗”这个词，商代已有，而且当时已经有了记录它的字，然而这个词写成“狗”，应当比“犬”字的问世晚一些，因为它是用“犬”这个部件“组装”而成的。

猜猜《说文》中除了“犬”和“狗”，还有几个用“犬”为部件造成的字？

答案是：有 80 个以上。这还不包括未收入《说文》的及《说文》“犬部”之外但含有“犬”的。因此可以肯定，东汉时代，用“犬”作为部件的字不下 100 个。也可以说，东汉时期每 100 个汉字中，就有一个与犬和狗有关！

生肖狗
引自韦君琳《十二生肖图案集》，合肥工业大学出版社，2009 年。

这些字中，有一些是表示某一类的“犬”，如“尨”是多毛的犬，“猃”是长嘴的犬，“猈”是短腿的犬。有一种南赵名狗，古人居然也专门为它造了一个“獀”字。另有一些字以“犬”为部件，所表的意义也往往与犬的行为、特征和功用有关。“獲”（“获”的繁体）、“獵”（“猎”的繁体）均与狗参与打猎有关。

还有一些字与犬的动作或习性有关。如“狊”表犬在看，“臭”（“嗅”的古字）表犬在嗅，“猝”表犬突然出现追人。值得注意的是，这批字往往借用犬的特征表示属于更多动物（乃至人）的共性或共同行为。如“臭”（嗅），如“獘”表示面向地倒下，如“狡獪”表示智慧灵敏，等等。

从在十二生肖中的排行看，狗列第十一位，仅列副班长猪之前。

关于与犬和狗有关的成语，说来也实在不怎么样够意思，贬义的多而褒义的少。“鸡飞狗跳”、“鸡犬不宁”、“鸡鸣狗盗”、“狐朋狗友”、“丧家之犬”等等，让属狗的笔者也不禁黯然神伤。

然而，使咱们纳闷而使笔者稍微宽慰的是，前面所举的种种关于“犬”的那些字，并没有明显的贬义倾向。甚至《说文》对“犬”、“狗”二字的说解中，还各引了儒家大师孔子的话。只有表西北少数民族的“狄”似乎有对异族和狗歧视的意味。然而据《说文》，“狄”也只是一种犬名，说不上是褒是贬。

细想起来，一种动物的社会地位，往往是与它的经济效益有关的。在渔猎社会中，狗显然是一种与人的生活紧密相关的动物，不仅打猎需用狗，狗当时承担的守卫乃至战斗的任务，远重要于后来作为宠物附带承担的守门工作。因此，当一个社会尤其是其生产力得到较大发展时，狗的地位的下降是不可避免的。《说文》虽是东汉时编成，但它保留了大量的古字、古义，因此其中的对狗的褒扬成分，其实多半是对原始社会和奴隶社会狗的显赫地位的回忆罢了。而那些成语形成的时代则往往较晚，当时狗的地位已大不如前了。

有一个问题值得我们研究：古代有没有狗崇拜？

我国古代许多典籍中，有个关于“盘瓠”的神话，大意是：为“五帝”之一的古代部落首领高辛氏，苦恼于异族“犬戎”（又称“戎吴”）屡犯边境，无人能敌，而有一奇犬名“盘瓠”，有一日衔了戎吴的首级献给高辛，于是高辛把他的女儿嫁给盘瓠，盘瓠为其女生子育女……

这一频见于典籍与志怪小说中的故事，恰恰符合我国不少南方少数民族的原始图腾崇拜。如在一些民族中，狗曾被视为他们的图腾而受到顶礼膜拜。而也恰是在这些民族中，广泛流传着“盘瓠”的传说，还往往至今保留着爱狗的习尚。

这种对狗的图腾崇拜的习俗，至少可以追溯到秦汉时期的“盘瓠蛮”。“盘瓠蛮”据说是骆越族的一支，分布于今天广东雷州的周边地区，他们自认为狗的后人。

盘瓠的故事保存在社会形态相对落后的一些南方少数民族之中，是合乎文化人类学原理的。当那些民族还保留着较为原始的生产力与生产关系时，狗既然在社会生产和日常生活中起着重要的作用，那么，它的地位比今天的狗的地位要高得多，应该是必然的现象了。

【“猪”——生肖中的副班长】

对于猪这一生肖，我们充满着种种的疑问。比如：“猪”这个词读音是怎么来的？“猪”这个字还可以怎样写？尤其使研究者们感到百思不解的是，猪这一动物为何得以登上十二生肖的殿堂，又为何被排在队列的“副班长”位置？凡此种种关于猪的问题，都增强了我们对猪进行探索的兴味。

第一个值得我们研究的问题是：“猪”是不是个拟声词？

十二生肖中的不少动物，表达它们的词往往是从它们的叫声得到的。典型并显然的如虎、牛、鸡、狗（又称犬）。考查这十二种动物命名的理由，除了那至今无可考其叫声的龙之外，我们很难确定哪一种动物不是由其叫声得名的。我们以为，“猪”这个词无论从古音还是现代音（包括许多地方的方言）来看，都与其叫声相当接近。可以说，“猪”是一个拟声词几乎是没有疑问的。

另一个值得我们进一步考虑问题的是：古代的“猪”字有没有其他的说法和写法？

表示猪这种动物，其实有个更古的写法——“豬”。我们可在写于战国时期的秦国及秦始皇时期的《睡虎地竹简》中见到此字。“猪”则是产生晚得多的“豬”的异体字。

一见“豬”字，咱们就会注意到它左边的“豕”。“猪”字不见于甲骨文，但是在更古远的时候，人们仅仅用一个“豕”字，就可以表达“猪”的意义了。“豕”在甲骨文里已能见到，写作，还有更加逼真的形象，作，此字大腹便便，不是猪还能是什么？

还有一个问题是：古代还有没有以“豕”为偏旁的字？

既然从甲骨文时代开始就有“豕”字，那么想必古代以“豕”为偏旁的字不会太少。要是随便翻翻《说文解字》和别的语言学工具书，就能找到许多的“豕”旁字。例如：

豭（jia）：公猪。

豝（ba）：母猪。另一说为一岁的猪。

豚（tun）：小猪。

豶（fen）：去势的猪。

貛（huan）：野猪。

豯（xi）：三个月的猪。

豵（zong）：六个月的猪。另说为一岁猪。

豣（jian）：三岁的猪。

豥（hai）：四蹄皆白的猪。

豩（bin）：二猪。

这些与猪有关的“豕”旁字，主要与猪的性别、年龄和性功能有关。这恰恰说明了古人造字的实用性：由于猪的主要功用是供食用，人们在造字时首先注意的是猪的雄雌、年龄和繁殖功能。也恰恰因为猪在远古时代就开始从野猪进化为与人类生活密切相关的家猪，所以它进入了十二生肖的行列。

同样让我们难以说明的是一个相当有趣的问题：猪在十二生肖中为何列于末位？

这一点并不足以证明古人对猪的大不敬。一个有力的证据是：鼠有体形渺小和面目可憎之嫌，偏偏被列在第一位。而龙、虎之类一直被人们奉若神明的动物的位置倒也不上不下。

一些例子可以作为以上说法的佐证。

我们以为，“猪”的崇拜在甲骨文里还无法发现。在殷王国，“豕”的用途主要是祭祀用品及狩猎对象。《殷虚文字甲编》三三三九：“逐豕。”这两个字，生动展示了一头野猪在狩猎者追击下“豕突狼奔”的窘境。但是，殷代之后或殷朝之外，还可以找到猪崇拜的印痕。

首先，在后来的汉民族中，可以发现猪崇拜的原因。从建月即安排每年的正月来说，汉族各朝代时有替换。如秦始皇统一中国后，就以亥月为正月。这或是当时帝皇于亥或于猪有特别好感，或是这种做法仅为实施方便或仅是偶然的选择。不管如何，秦始皇对亥的浓厚兴趣是不可否定的，因为他的儿子就是以胡亥命名的。上述种种，都不意味猪在人们心目中地位低下。

也可以看看我国少数民族的情况。我国居住在四川省的尔苏人利用汉十二生肖计月，他们因其虎崇拜或因其保持《夏小正》历法而置虎于正月，但接下去依次为兔、龙、蛇等，十二兽仅变其座次而未变其顺序。可见至少在计月中，各兽的座次并不与它们在人们心目中的地位相关。

我们知道，一般认为夏代不少民族或部落是以龙为图腾的，而商民族易之以凤即鸡或另一种鸟类，周民族则可能易之以熊。既然龙和鸡在十二生肖中均居于不前不后的位置而熊在这一系列中未排上号，那么，十二生肖出自图腾或它们依图腾顺序排列的可能，也几乎为零。

最有可能性的答案是：左右古人排列十二生肖顺序的，是一种已被历史遗忘的各个生肖与各个地支间的神秘对应关系，或者这种顺序的安排纯是偶然人为的。无论如何，我们可以断定：在十二生肖中的排名落后并不意味猪在人们心目中的地位低下。

还有一个问题也颇值关注，即上古有没有猪神崇拜？

甲骨时代，豕与牛、羊、犬同样被用作牺牲来祭祀上帝或祖先，可见至少上古人们并未把猪放在远低于别种家畜的位置上。相反地，一些传说为我们提供了种种上古猪崇拜的痕迹。

《三国演义·七十三回》：“关公梦猪咬足。关平曰：‘猪亦有龙象。龙附足，乃升腾之意。不必疑忌。’……众官拜贺曰：‘此足见猪龙之瑞业。’”

《东坡志林·卷三》：“眉州青神县道侧，有一小佛屋，俗谓之‘猪母佛’。云：百年前有牡猪伏于此，化为泉，有二鲤鱼在泉中云，盖猪龙也。”

这二则故事并不发生在上古，亦不发生在同时同地，但都为我们揭示了这样几点事实：一、猪是一种瑞兽；二、在上古猪常附体于龙；三、古代有猪龙崇拜。当然这些事实还有待于进一步的实物证明。

这个证明终于来了，虽然它姗姗来迟。辽宁与内蒙古交界处的红山地区一带，近年间出土了一批上古的珍贵文物。其中有三类最值得我们注意：一类是猪头龙身玉像，另一类是裸体女神像，第三类是此处的原始祭坛。

毫无疑问，要问中国文化的源头何在，那么这一带至少也算得上是一个。原始祭坛是原始宗教的祭祀场所，女神是早期原始社会的偶像，而偏偏在此又出土了猪龙！据此，我们又怎能不相信，在中华民族历史上——至少是部分地区——经历过一个母系原始社会阶段呢？而正是在这个古远的时期，猪得到了与龙一样高甚至更高的地位，被人奉若神明，顶礼膜拜！

再说开去，那些猪头龙身像，看来是雌性的。

一个最有力的证据是：该地出土的这批文物，只有女神像而无男神像。显然，当时是一个女权制时代，人们崇拜的自然应是猪女神。

可能前文所引的《东坡志林》中的“猪母佛”、“牡猪”，显然是与猪女神崇拜有关的东西。

另一段可用作旁证的笔记，出于《酉阳杂俎·前集·卷一》：“妇人入门，先拜猪枳及灶。”这儿“猪”又与女性扯上了关系。

《酉阳杂俎》中又有如此纪录：“贞元年中，宣州忽大雷雨，一物堕地，猪首，手足各两指，执一赤蛇啮之。俄顷云暗而失，时皆图而传之。”虽然似与女神之说不一致，但在极可能是女权社会的上古时代，猪未始没有兼职雷公雨师的可能性。

最后一个问题也值得关注：豕与象有没有神秘联系？

儿时看过一册连环画，至今已忘了大半，只记得故事的结局是：一头象的鼻子被斩了，变成了猪，从此才有了猪这种动物。

从类型学角度看，猪与象在动物学上的分类并不接近；从发生学角度看，猪也绝非断了鼻子的象。

可是细心的读者也许发现：现代出版的一些工具书中，“象”字确乎被归入“豕”部。细察“象”字结构，下部确是“豕”字，而上边那半截，也就该是象鼻之形了。

《说文解字》一书是为“豕”和“象”分列部首的。唯一值得注意的是这两个部首靠得极近，也许这也多少暗示着古人意识到这两种动物的某种联系。这种把“象”归在“豕”部之下的做法，大概始自明代梅膺祚所编的《字汇》一书。

我们总是隐隐感到，在“豕”与“象”之间，似乎真有那么一种神秘的关系存在着，并不纯是物形间的相似和字形间的相关。

在民间，至今流行着“猪鼻子插葱——装象”这句歇后语，也许已流布很久。

另外，在宋代《太平广记》一书上的一则故事更有启发性，其内容大致如下。

后唐年间，徐州军营中准备杀一雌猪。杀猪前夕，军营的头梦见那将被宰的猪对他说：“请您不要杀我！我怀的胎不是猪。您若把此事记下来，我能使您家富有。”次日，那人忘了昨夜的梦，仍把猪杀了。剖开肚子，发现它肚中怀的果不是猪，而是一只小白象。

这一故事，也提示咱们去找觅猪和象的神秘联系。

那么，这一神秘联系是从何时开始的，又是如何开始的呢？

看来，把这时间定于商代或商代之前，是合乎情理的。

从甲骨文字形看，“豕”作，而“象”作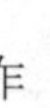，而这几乎仅一鼻之差而已。可见，从字形看，这种神秘联系始于商或商之前，是极为可能的。

从物形联系看，恐怕这种神秘联系的产生，也可能在较古远的岁月里。因为，这种联想最可能既是原始思维的某一特征的体现，又是中国人思维上某一常见定势的体现。中国人确有“形似则质似”的思维定势。以中药论，中医主张吃核桃补脑，既有其科学合理成分，又有其思维定势成分——因脑形似核桃肉。这种定势甚至发展到谐音造成的口彩与忌讳，如：结婚送枣贺早生贵子，探病避送苹果因其与“病故”谐音。而“分梨”则意味着“分离”，更被人们时时避忌；古诗中以柳枝象征依依送别之情，也是这种习惯的反映——柳即“留客”之“留”！

这种思维定势，又是原始思维的特征之一。它自然地导致了古代中国人把猪和象的外形相似看作了二者本质上的相似表现，所以由此再生出至今我们尚未发现的种种二者间的神秘联系。

由于象自古被中国人看作一种瑞兽。所以，猪也许在这一点上沾了点儿象的光。

猪和象之间的联系的细节究竟是什么？这个问题我们还可以继续进行探讨。

最后，我们还有一个与猪相关的十分重要的问题可以进行讨论：猪与“家”的关系。

关于猪，还有许多本文未曾说及的问题。细心的读者一定会发现

豕尊（商后期）
引自杜廼松《中国青铜器收藏鉴赏》，上海古籍出版社，2009 年。

“家”字已在甲骨文中的存在。“家”的下面也是一个“豕”。“家”的意义十分重要，我们在此不得不说一说。

画界有句老话——猪不入画。也许这句话只是近现代人想出来的。

二十世纪九十年代有人曾经撰文，题为《猪也入画》。作者指出猪自古入画，如西魏敦煌的野猪壁画，古欧洲野猪狩猎图壁画，及阿尔塔米拉壁画中的猪。他还介绍了东汉明器中的猪头人身亥神俑，及唐陶中的猪首俑。

其实，主张“猪不入画”者，忘记了一条规律：艺术总是几乎无遗漏地反映那些与人们生活关系密切的事物。

如果从时间的角度来看中国的出土陶器，那么早在距今至少六千余年的浙江新石器时代的河姆渡遗址中，我们已能发现形象栩栩如生的陶猪；距今至少五千年的山东大汶口遗址，也有猪形陶鬶出土。如果从地域的角度看，则从黑龙江到广东，从四川到辽宁、福建，到处有我国家猪豢养的证据——陶猪出土。

其实，河姆渡的陶猪，已是一种家猪的形象。然而阿尔塔米拉洞穴中三头猪，与其他一些动物一起，处于被猎时带伤逃窜的境地。显然，那三头猪是野猪。

所以，艺术史证明了人类史上有一个从猪作为狩猎对象到猪作为驯养对象的过程。

依据“书画同源”的道理，我们也完全可以在甲骨文和金文中寻觅这一蹊径。甲骨文“罖”作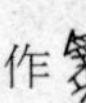，象人设网捕豕。甲骨文“家”作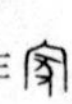，已是猪为人豢养于室中的记录了。甲骨文另有一个字作，当是“圂”字，这字是在猪圈中有一雄豕的形象。这三字也许可以被视为一部人类与猪的关系的历史。起初猪被狩猎者投网诱捕，后来猪被关入室中驯养，到最后，

则由于驯猪事业日益发展，人们专门为猪筑了猪圈。

以上三字中，“家”字特别值得注意。此字到现在还被用作表“家庭”之义，正说明在古代猪在人们生活中的显赫地位——无猪不成家！

另有一字，“豢养”之“豢”，亦可顺便一提。此字似不见于甲骨文，但小篆有这个字作，《说文解字》：“豢，以穀圈养豕也。”这一说解反映了上古至秦汉人们对“豢”的认识。而后世人们把“豢养”广泛用于养多种动物乃至人，由此可知“豢”字意义的扩展，正是以古代养猪业的发达为基础的。

另外，引人注目的还有在商代金文的所谓“族徽文字”或“图画文字”中，常有背生毫毛一根或数根的“豕”字出现。有作者。这类文字被使用的时代较早，或所描述的事物的年代较早。据其形态，应被视作是一种野猪。

说到这里，也许细心的读者会有如此疑问：甲骨时代仅几百年，难道人们就在这一时期把野猪驯养成了家猪？

喂猪

引自赵少华主编《中国剪纸》，五洲传播出版社，1999 年。

其实，某一时代出现了某些文字，并不等于是这些文字所记录的事物一定也出现于这一时代。因此，甲骨文中出现了“冢”字，未必意味着使用甲骨文记事的人们过着狩猎生活。此字完全可以被看作甲骨时代的人们对他们的祖先生活的回忆。作为文字的“冢”甚至还被金代人收入字数《篇海》中。何况如上文所述，甲骨文字已是一种十分发达的文字系统，其时间晚于河姆渡文化与大汶口文化数千年。在甲骨文前的文字出土材料有限的前提下，更不能断言这个字是在甲骨时代被初次造出的。

此外，同一时代完全可能存在过着不同类型生活的不同民族或不同地区的人群或集团。因此，如果甲骨文时代我国某些民族或某些地区保持着狩猎生活，也不足为怪。前文提及的敦煌壁画年代更晚，照样有猎猪记录，即是明证。

总之，驯猪的历史是如此之古远，驯猪的范围是如此之广阔，而且古文字中折射出来的“猪文化”同人类定居与家庭的建立的关系又是如此之密切，猪对中华民族文明的形成与发展之作用是如此显著。想到这一切，当咱们对亲朋好友说“猪（诸）事如意”的时候，会觉得这句话的含义是特别地丰富和深刻。

图书在版编目(CIP)数据

汉字中的符号之美 / 王元鹿著. —上海：文汇出版社，2017.12
(看懂中国字　读懂中国心/ 王元鹿主编)
ISBN 978-7-5496-2269-6

Ⅰ. ①汉… Ⅱ. ①王… Ⅲ. ①汉字—研究 Ⅳ. ①H12

中国版本图书馆 CIP 数据核字(2017)第 188650 号

丛书策划：张　衍
丛书主编：王元鹿
出 版 人：桂国强

汉字中的符号之美
看懂中国字　读懂中国心

作　　者 / 王元鹿

责任编辑 / 乔　聿
封面装帧 / 王　翔

出版发行 / 文匯出版社
上海市威海路 755 号
(邮政编码 200041)
经　　销 / 全国新华书店
排　　版 / 南京展望文化发展有限公司
印刷装订 / 苏州市越洋印刷有限公司
版　　次 / 2017 年 12 月第 1 版
印　　次 / 2017 年 12 月第 1 次印刷
开　　本 / 640×960　1/16
字　　数 / 160 千
印　　张 / 12.5

ISBN 978-7-5496-2269-6
定　　价 / 40.00 元